Fontanes Kriegsgefangenschaft

INHALT

VORWORT

Fontane warf seine Reisetasche in die Ecke, sich *selber aufs Sofa, kreuzte die Hände über der Brust, atmete hoch auf und sagte das eine Wort: Frei.*[1] Endlich! Nach einer wochenlangen Odyssee durch Frankreichs Gefängnisse – von Lothringen bis zum Atlantik – kehrte der Dichter im Dezember 1870 als freier Mann nach Preußen zurück. Seine Reise, die er als Journalist für die Berichterstattung über den noch andauernden Deutsch-Französischen Krieg begonnen hatte, endete in einem Albtraum: Fontane wurde verhaftet, der Spionage verdächtigt und vor ein Kriegsgericht gestellt. Erst rückblickend realisierte er, was bei diesem Abenteuer auf dem Spiel stand: *Hier war das Todtschießen nah.*[2]

Als Fontane bei seinem »romantischen« Ausflug zum Geburtsort der französischen Nationalheiligen Jeanne d'Arc weit hinter der Front verhaftet wurde, ignorierte er zunächst die Gefahr. Aber schon die erste Nacht in einer Zelle voller Ratten ließ ihn daran zweifeln, dass es sich bei seiner Festnahme nur um einen Irrtum handeln könne. Weil sich die lokale Militärbehörde für nicht zuständig hielt, wurde sein Fall durch die Instanzen gereicht und der vermeintliche preußische Spion unter den Attacken einer aufgebrachten und antipreußisch gesinnten Bevölkerung von einem Festungsort zum anderen transportiert. Die schlimmsten Tage erlebte Fontane in der Zitadelle von Besançon, wo er auf die Entscheidung des Kriegsgerichts wartete. *Das Gefühl des äußerlichen Unsauberseins,* das mit *der Vorstellung einer gewissen innerlichen Unreinheit* einherging, raubte *ihm allen Mut und alle Zuversicht.* Bis er schließlich in der Zitadelle auf der Atlantikinsel Oléron landete, wo er einen privilegierten Gefangenenstatus »genoss«.

Zwei Perspektiven

Wie es zu Fontanes Festnahme kam und wie er nur knapp dem Tod entging, wird in diesem Buch erzählt. Die dramatische Geschichte seiner Inhaftierung und seiner Rettung wird erstmals aus zwei Perspektiven rekonstruiert: aus der Sicht des Gefangenen und der seiner Helferinnen und Helfer. Denn kaum hatte die Nachricht über Fontanes Gefangennahme Berlin erreicht, setzten seine Frau Emilie und vor allem seine Freunde alle Hebel in Bewegung, um ihn zu retten. Das aktivierte Netzwerk – umfangreicher als bisher bekannt – reichte über die Landesgrenzen hinweg und war mit dem preußischen Ministerpräsidenten Bismarck und dem französischen Justizminister Crémieux prominent besetzt. Da nur wenig über die Hilfsaktionen an die Öffentlichkeit gelangte und sich zum Teil auch überkreuzten, war sich Fontane auch am Ende seines Lebens nicht sicher, wer ihn eigentlich gerettet hatte. Selbst die Forschung kommt zu unterschiedlichen Schlussfolgerungen, obwohl die Aufarbeitung dieses spannenden biografischen Kapitels seit rund einhundert Jahren andauert.

Komplexer Fall

Dass der Fall bisher nicht gelöst werden konnte, hat mehrere Ursachen. Einerseits trug Fontane selbst nicht viel zur Aufklärung bei. Sein autobiografisches Buch *Kriegsgefangen* verleitet, das Erlebte – so der Untertitel – als realistischen Bericht seiner Haftzeit zu lesen. Der Text ist zwar die wichtigste und umfangreichste Quelle, aber vorrangig eine literarische. Fontane hat die Wirklichkeit modifiziert und gerafft, wenn es in sein poetisches Konzept passte. Und hat wohl nie damit gerechnet, dass der Wahrheitsgehalt seiner Aussagen jemals überprüft würde.

Andererseits wird die Rekonstruktion durch die lückenhafte Quellenlage erschwert. Entscheidende Dokumente wie das Kriegsgerichtsurteil sind nicht überliefert. Daher führten in der Vergangenheit einzelne, durchaus spektakuläre Funde zur Darstellung von nur ausgewählten Aspekten der Kriegsgefangenschaft Fontanes. Aus dem Blick gerieten dabei die Gewichtung und vor allem die Verknüpfung der verschiedenen Handlungsstränge. Stattdessen erheben einige Fontane-Forscher den Anspruch, mit Legenden über den Erfolg einzelner Rettungsbemühungen aufräumen zu wollen; die älteste ist die sogenannte »Crémieux-Legende« (1910) und die jüngste die »Bismarck-Legende« (2018). Problematisch ist darüber hinaus die häufig fehlende Differenzierung zwischen den einzelnen Personenkreisen sowie den drei Etappen der Rettung Fontanes: Freispruch vom Spionage-Vorwurf, privilegierter Gefangenenstatus und Freilassung auf Ehrenwort.

Neue Quellen

Eine umfangreiche Recherche in den Archiven und vor Ort hat es ermöglicht, dass sowohl Fontanes Erlebnisse während der Haftzeit als auch die Initiativen seiner Retter detailliert nachgezeichnet werden konnten. Der Untersuchung liegen nicht nur die bekannten und neu interpretierten Quellen zugrunde, sondern bisher unveröffentlichte bzw. nicht ausgewertete Briefe, Notizbuchaufzeichnungen und amtliche Dokumente. Hierzu gehören beispielsweise zwei Fontane-Schreiben an Emilie, mehrere Brief-Entwürfe, die Fontane auf der Insel Oléron verfasste, sowie Dokumente zur Liberationsordre der französischen Regierung, die im Pariser Militärarchiv lagern. Darüber hinaus wurden die Erinnerungen über die Gefangenschaft eines Sergeanten herangezogen, dem Fontane in der Zitadelle auf Oléron begegnet ist und der sein Buch in Anlehnung an Fontane ebenfalls *Kriegsgefangen* nannte.

Nicht nur Fontane war sich der Brisanz seines Falls bewusst. Der Kommandant der Festung Oléron soll dem Dichter schon bei der Begrüßung auf der Insel prognostiziert haben, dass Fontane *die Gefangenschaft auf Isle d'Oléron segnen* werde: *Sie werden einen guten Stoff gewinnen und Ihr zukünftiger Biograph einen noch besseren.*[3] Zu diesem Zeitpunkt hatte der Kriegsgefangene schon längst mit der Aufzeichnung seiner Erlebnisse begonnen, die unmittelbar nach seiner Rückkehr zunächst in der *Vossischen Zeitung*, 1871 dann als Buch publiziert wurden. Im Nachwort wird die Entstehung und zeitgenössische Wirkung von *Kriegsgefangen* thematisiert, die Fontane eine bis dahin nicht gekannte mediale Aufmerksamkeit bescherte.

Originalschauplätze in Frankreich

Die historischen Schauplätze von Fontanes Kriegsgefangenschaft existieren noch. Sowohl die Zitadelle von Besançon als auch die Festung auf der Insel Oléron sind touristische Anziehungspunkte. Und in Domrémy, wo Fontane am 5. Oktober 1870 verhaftet wurde, kann wie vor 150 Jahren das Geburtshaus der Jeanne d'Arc besichtigt werden. Am Beispiel von Domrémy lässt sich anschaulich beweisen, wie man mithilfe der neu edierten Notizbücher und der erhaltenen Gebäude-Szenerie zu differenzierten Erkenntnissen gelangt. Dass Fontane genauso verhaftet wurde, wie er es in *Kriegsgefangen* beschreibt und wie es anschließend jahrzehntelang tradiert wurde, gehört auf das weite Feld der Literarisierung.

Gabriele Radecke & Robert Rauh
Ahrenshoop, im Sommer 2020

Theodor Fontane 1870, Fotoatelier Loescher & Petsch Berlin

ABERMALS EIN KRIEGSBUCH
Zwischen den Fronten

Wellen in Warnemünde

Es sollte ein entspannter Urlaub werden. Im Juli 1870 befand sich Theodor Fontane zur Sommerfrische an der Ostsee, bevor der Fünfzigjährige Mitte August bei der *Vossischen Zeitung* seine neue Stelle als Theaterkritiker antreten würde.[1] Zusammen mit seiner Frau Emilie und zwei seiner Söhne, dem dreizehnjährigen Theodor und dem sechsjährigen Friedrich, hielt er sich seit dem 12. Juli in Warnemünde auf.[2] Doch das Urlaubsidyll war von Anfang an getrübt. An der Ostseeküste tobten *Sturm und Regen*.[3] Und in Europa kündigte sich ein neuer Krieg an.

Die Kandidatur des katholischen Erbprinzen Leopold von Hohenzollern-Sigmaringen für die vakante spanische Krone hatte einen Konflikt zwischen Frankreich und Preußen ausgelöst, den der preußische Ministerpräsident Otto von Bismarck zu verschärfen verstand. Nachdem der preußische König Wilhelm I. die spanische Thronbewerbung seines Verwandten zurückgezogen und damit dem französischen Druck nachgegeben hatte, glaubte die französische Regierung, den diplomatischen Erfolg ausweiten zu können. Und überspannte den Bogen. Der französische Botschafter reiste in den Kurort Bad Ems und verlangte am 13. Juli auf der Kurpromenade von Wilhelm die Zusicherung, auch künftig keine Hohenzollernkandidatur in Spanien mehr zu billigen – was der preußische König entschieden ablehnte. Bismarcks Mitarbeiter Heinrich Abeken, der den König in Bad Ems begleitete, protokollierte die Vorgänge und telegrafierte den Bericht nach Berlin. Diese »Emser Depesche« wurde von Bismarck in einer gekürzten und verschärften Version an die Presse gegeben. Die Pressemeldung erweckte nun den Eindruck, der französische Botschafter sei in Bad

Ems in ungebührender Weise aufgetreten und der König hätte weitere diplomatische Kontakte abgelehnt. Daraufhin sah sich der brüskierte und innenpolitisch ohnehin unter Druck stehende Kaiser Napoléon III. am 19. Juli 1870 zur Kriegserklärung an Preußen veranlasst. *Eine einzige Depesche, wenn auch nichts drinsteht*, kommentierte Fontane einen Monat später, *wiegt ganze Berge von Literatur auf.*[4] Die Kriegserklärung war der offizielle Beginn des Deutsch-Französischen Krieges, der erst im Mai 1871 mit dem Frieden von Frankfurt am Main sein Ende fand.

Ein ungeheurer Lärm brach los, dessen Wellen wir selbst in dem stillen Warnemünde verspürten, notierte Fontane später im Tagebuch.[5] Unmittelbare Auswirkungen spürten sowohl das kleine Ostseebad als auch die Fontanes selbst: Während an der Ostsee das Gerücht umging, man müsse mit dem *Erscheinen von 14* [französischen] *Panzerschiffen vor Warnemünde* rechnen[6], nahm Fontanes ältester Sohn auf preußischer Seite am Feldzug teil. Detailliert wird der neunzehnjährige George Fontane in den folgenden Monaten den Eltern über seine Erlebnisse an der Front berichten. Am Tag der Kriegserklärung hatte George im Schnellverfahren seine letzten Prüfungen für das Offiziersexamen bestanden[7] und rückte am 26. Juli als »Seconde-Lieutnant« der preußischen Armee Richtung Westen aus. Stolz verkündete er, wahrscheinlich werde seine Division die Avantgarde bilden.[8] Weder er noch seine Eltern ahnten zu diesem Zeitpunkt, dass der Vater dem Sohn bald nach Frankreich folgen würde – als Kriegsjournalist.

Am 1. August entschieden die Fontanes, ihren Urlaub in Warnemünde abzubrechen. Emilie kehrte mit den beiden Söhnen direkt nach Berlin zurück; Fontane fuhr über Rostock nach Dobbertin, wo er seine langjährige Vertraute und Förderin Mathilde von Rohr besuchte.[9] Auch in der klösterlichen Abgeschiedenheit holten ihn die Frontnachrichten ein. Und die preußische Propaganda, die er im Hinblick auf die Mär vom nationalen Verteidigungskrieg kritiklos übernahm: *Man hat nur 2 Dinge als Trost*, schrieb er an Emilie, *dieser Kampf wurde uns aufgedrängt, er trat als Unvermeidlichkeit an uns heran und dann zweitens die Vorstellung, 500.000 Muttersöhne haben dasselbe durchzumachen* [wie ihr Sohn George].[10] Die erste *Siegesnachricht* traf am 5. August ein. Tags zuvor hatte ein gesamtdeutsches Heer in der Schlacht bei Weißenburg die Franzosen geschlagen. Auf deutscher Seite kamen circa siebenhundert

Abermals ein Kriegsbuch

Ungeheurer Lärm in dem stillen Warnemünde: Blick auf die Strandpromenade und den Leuchtturm, Postkarte, um 1900

Soldaten und Offiziere ums Leben, auf französischer über tausend. Die Nachricht löste bei Fontane zwiespältige Empfindungen aus. *Mein Herz schlug [...] höher,* bekennt er gegenüber seiner Frau, doch könne er *ein Schmerzgefühl nicht los werden. Wozu das alles? Um nichts! Blos damit Lude Napoleon festsitzt oder damit der Franzose sich ferner einbilden kann, er sei das Prachtstück der Schöpfung – um solcher Chimäre willen der Tod von Tausenden!*[11]

Ein drittes Mal im Felde

Am 7. August, als George Fontane mit seinem Bataillon »unter donnernden Hurras die [französische] Grenze« überschritt[12], kehrte sein Vater *in die flaggende, siegestrunkene Hauptstadt* zurück.[13] In der Wohnung fand er einen Brief seines Verlegers vor und hielt im Tagebuch fest: *Herr v. Decker wünscht abermals ein Kriegsbuch. So wird es denn eine Trilogie: 1864, 66, 70.*[14] Rudolf von Decker, Eigentümer und Verleger der Königlichen Geheimen Ober-Hofbuchdruckerei, war durch die *Wande-*

rungen durch die Mark Brandenburg auf Fontane aufmerksam geworden[15] und hatte ihn zunächst mit einem Buch über den Deutsch-Dänischen Krieg von 1864[16] beauftragt; zwei Jahre später mit einer Publikation über den preußisch-österreichischen Krieg von 1866[17], dessen zweiter Halbband im Juli 1870 erschienen war. Nun also ein Buch über den Deutsch-Französischen Krieg. Dabei hatte Fontane *das Gefühl: nun sei es auf Lebenszeit an Siegen und Siegesbeschreibung genug. Es hat anders kommen sollen; alles steht ein drittes Mal im Felde, so denn auch wir.*[18]

Während Fontane mit Decker über die Vertragsbedingungen für das neue Kriegsbuch, unter anderem ein *Honorar* [von] *50 T*[alern] *pro Bogen*[19], verhandelte, wurde sein jüngstes Manuskript, das er als *Briefe aus Mecklenburg* veröffentlichen wollte, *[u]nter den obwaltenden Umständen* nicht mehr angenommen. *Wer will jetzt*, schrieb er an Mathilde von Rohr, *Plaudereien über Warnemünde und Doberan lesen!*[20] Dafür floss frisches Geld aus einer anderen Quelle in die stets klamme Familienkasse. Fontane nahm am 15. August seine neue *Referenten-Tätigkeit* als Theaterkritiker für die *Vossische Zeitung* auf.[21] In seiner ersten Rezension über die Aufführung von Schillers *Wilhelm Tell*, mit der am 17. August im Königlichen Opernhaus die Berliner Theatersaison eröffnet wurde, rechtfertigte er den Krieg gegen Frankreich nun auch öffentlich: *Der Tell enthalte kaum eine Seite, gewiß keine Scene, die nicht völlig zwangslos auf die Gegenwart, auf unser Recht und unseren Kampf gedeutet werden könnte.*[22]

Nachdem Decker auf *alle* Bedingungen eingegangen war[23], begann Fontane seine Reise nach Frankreich zu planen. Im September legte er ein neues Notizbuch an, das er mit dem Titel *Kriegsschauplatz 1870* versah und worin er unter anderem beteiligte Regimenter und Namen führender Offiziere notierte.[24] Über den Kriegsverlauf diskutierte Fontane mit seinem Freund Bernhard von Lepel – und war nach wie vor hin- und hergerissen: *Welche Siege, welche Verluste!* Am Ende kam er jedoch zu dem Schluss, dass es keinen Sinn mache, *alle diese Verluste* aufzuzählen, wie er Mathilde von Rohr schrieb. *Erfreuen wir uns an der einen großen Tatsache, daß wir wenigstens gesiegt haben und daß wir auf Feindes Land stehn.*[25]

Anfang September überschlugen sich die Ereignisse. Nachdem die französische Armee infolge der kriegsentscheidenden Schlacht von

Abermals ein Kriegsbuch

Welche Siege, welche Verluste! Das Dorf Bazeilles bei Sedan nach der Schlacht vom 1. September 1870, Holzstich 1895

Sedan in der Nähe der belgischen Grenze vom 1./2. September 1870 kapituliert hatte und Napoléon III. sowie über 10.000 französische Armeeangehörige in Gefangenschaft geraten waren, wurde am 4. September in Paris die Dritte Republik ausgerufen. »Eigentlich müsste der Krieg aus sein«, konstatierte der preußische Generalstabschef Helmuth von Moltke.[26] Aber die provisorische »Regierung der Nationalen Verteidigung« unter General Louis Jules Trochu und seinem Innenminister Léon Gambetta führte den Krieg fort. Da die französische Armee aufgrund von Tod, Desertion und Gefangennahme dezimiert war, setzte die provisorische Regierung nun auf die Mobilisierung der Bevölkerung – mit antideutscher, stellenweise hasserfüllter Propaganda sowie der massenhaften Einberufung wehrfähiger Männer, die im Schnellverfahren ausgebildet und bewaffnet wurden. Aus einem kontrollierten »Kabinettskrieg« der Regierung entwickelte sich ein enthemmter Volkskrieg, wozu auch die Partisanenkämpfe von »Franctireur«-Einheiten [Freikorps] gehörten. Hauptkriegsschauplätze wurden jetzt die Kämpfe um Metz und die französische Hauptstadt. Außenminister Jules Favre verkündete am 6. September, den Preußen solle nicht ein

Quadratmeter Frankreich und nicht ein Stein einer französischen Festung preisgegeben werden.[27] Als die preußische Armee immer weiter an Paris heranrückte und einen Ring um die Stadt bildete, wurde der Beschluss revidiert, die neue Regierung werde Paris auch im Falle einer Belagerung nicht verlassen. Ein Teil des Kabinetts, unter ihnen auch Justizminister Adolphe Crémieux, verließ am 12. September die Hauptstadt und bildete in Tours einen zweiten Regierungssitz.[28]

Der Kriegsjournalist Fontane wollte nun so schnell wie möglich nach Frankreich aufbrechen. Am 11. September informierte er seinen Verleger Decker, in den nächsten Tagen seine *Reise auf den Kriegsschauplatz* antreten zu wollen, und bat ihn um regelmäßige Vorschusszahlungen.[29] Vier Tage später verschob er den Reiseplan, um *den Fall von Metz abzuwarten*.[30] Auch sein Sohn George fieberte, dichter an das Frontgeschehen heranzukommen. Seine Division rechne mit der Beteiligung an den Kämpfen vor Paris, schrieb er am 16. September seinen Eltern, »wobei man sich doch vielleicht noch ein Eisernes Kreuz verdienen« könne.[31]

Ende September muss Fontane entschieden haben, den Fall von Metz nicht mehr abwarten zu wollen.[32] *In wenigen Stunden brech ich auf*, teilte er am 25. September Mathilde von Rohr mit, *um Metz, Sedan und Paris zu studieren*. Er wünsche sich, seinen *Jungen heil und gesund wiederzusehn* und *dem Einzuge unserer Truppen die Elyseischen Felder hinauf beiwohnen zu können*. Spätestens *am 6. Oktober*, so seine Hoffnung, müsse er *vor Paris eintreffen*.[33]

Es kam anders, wird er rückblickend im Tagebuch notieren.[34] Am 6. Oktober, dem zweiten Tag seiner Gefangenschaft, erhielt Fontane die Mitteilung, dass am nächsten Morgen über sein Schicksal entschieden werde.[35]

Chancen und Gefahren

Mit »Zittern und Zagen«, erinnerte sich Familienfreundin Henriette von Merckel, habe Emilie »ihren geliebten Gatten nach Frankreich reisen« sehen.[36] Als Fontane sich am 27. September von seiner Frau verabschiedete, war beiden bewusst, dass die Fahrt ein Risiko war. Dass Fon-

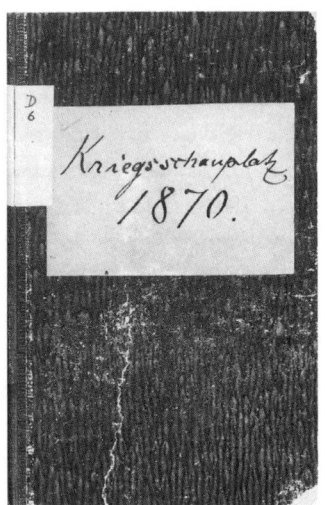

Kriegsschauplatz 1870: Fontanes Notizbuch D6 für die Recherche zum Deutsch-
Französischen Krieg

tane mit Legitimationspapieren des preußischen Kriegsministeriums
im Gepäck und einer Rot-Kreuz-Armbinde ausgestattet war, konnte
Emilie nur ein schwacher Trost sein. »Du weißt«, wird sie ihn später
erinnern, »dass es mein Wunsch war, Deine Abreise um einige Monate
zu verschieben«.[37] Ihr Mann setzte sich bewusst darüber hinweg. Später wird er in seinem Buch *Kriegsgefangen* reflektieren, dass er *bei aller
Friedfertigkeit* seines Berufs *mit dem Bewusstsein in Frankreich eingerückt
sei, dass eben Krieg sei* und er *die Chancen und Gefahren des Krieges bis zu
einem gewissen Grade zu teilen haben werde.*[38]

Zwar galt Ende September der endgültige Sieg der Deutschen als
sicher, aber es gab noch keinen Waffenstillstand. Und die Kämpfe dau-
erten ungeachtet der französischen Niederlage von Sedan noch immer
an. Das Risiko erhöhte sich, weil Fontane allein nach Frankreich aufbrach. Bei seinen früheren Reisen zu Kriegsschauplätzen war er 1864 in
Dänemark von Ernst Waldemar Heffter, dem stellvertretenden Chefredakteur der *Kreuzzeitung*, und 1866 in Böhmen von seinem Jugend-
freund Hermann Scherz begleitet worden.

Um Emilie zu beruhigen, schrieb Fontane regelmäßig Briefe, in denen er ihr versicherte: *Es geht mir gut.* Er unterhielt sie mit Berichten
über seine Eisenbahnfahrten, erste Bekanntschaften und sein mangel-

haftes Französisch. Und er scherzte sogar: Wanzen würden ihn *viel mehr ängstigen als die franctireurs* [französische Freischärler].[39] Die Reise, so resümierte er bereits nach fünf Tagen, sei, *wenn es so fortgeht, im höchsten Maße lehrreich, interessant und geradezu erhebend.*[40] Fontane war bereits am 28. September auf dem ersten Kriegsschauplatz, der elsässischen Grenzstadt Weißenburg [frz.: Wissembourg], angekommen.[41] Im Notizbuch beschrieb er die Stadt und die Stimmung – *französisch, aber antikaiserlich* – und hielt nüchtern fest: *Das Land wird nun wieder deutsch werden.*[42] Außerdem notierte Fontane für sein Kriegsbuch erste Beobachtungen und Befragungen über die Gefechte[43] und reiste – *etwas fiebrig vom windigen Wetter* – einen Tag später auf das nächste Schlachtfeld nach Wörth[44], wo er auf der *Kuppe* Station machte, *auf der Kronprinz* [Friedrich Wilhelm] *gestanden und die Bataille geleitet hatte.*[45]

Über die Franzosen I

Fontanes Notizen enthalten – neben den Beschreibungen der Kriegsgebiete – auch Eindrücke von Land und Leuten, die er, wie bei früheren Unternehmungen, für Reisefeuilletons in verschiedenen Zeitungen verwenden wollte. So hielt er nach seinem Aufenthalt in Wörth am 29. oder 30. September fest, die Gegend sei *sehr hübsch und sehr wohlhabend,* aber man bemerke *keine Modernität im guten Sinne; in allem spricht sich der Stillstand eines alten Culturvolkes aus, das es bis zu einer gewissen Höhe gebracht hat, aber darüber auch nicht hinaus will. [...] Sehr lehrreich* sei ein Vergleich. *Ursprünglich* wären die Franzosen *uns ja unendlich überlegen* gewesen, nun aber würden die deutschen Dörfer – zumindest dort, wo *Neues eingezogen ist –, in der Art des Häuserbaus, im Ackerbetrieb (so weit ich das beurtheilen kann) in Tracht, überhaupt in Entfaltung einer gewissen bäuerlichen Wohlhabenheit ihnen überlegen.* Es würden *jene Leute* fehlen, *wie wir deren zahllose haben, die die Ackerkultur als Wissenschaft treiben und immer Neues ersinnend oder alles Neue erprobend, für stete Fortentwicklung sorgen. In Frankreich sei es muthmaßlich geblieben wie es vor 100 Jahren war.*[46] Offenbar griff Fontane auf Erfahrungen während seiner Exkursionen in die Mark Brandenburg zurück. So beschreibt er im *Wanderungen-*

Abermals ein Kriegsbuch

Band *Oderland*, der 1863 erschienen war, die Agrar-Innovationen der *Frau von Friedland* in Kunersdorf.[47]

Etwas verkürzt, aber um so pointierter fiel Fontanes Fazit einige Tage später in seinem Brief an Emilie aus: *Wo immer man in Deutschland reist, hat man den Eindruck des Fortschritts, der ascendence* [des Aufstiegs], *hier überall den Einruck des Rückschritts, des Verfalls.* Um dem Vorwurf der Voreingenommenheit zu begegnen, fügte er hinzu, er könne sich in seinen Beobachtungen *kaum irren*, denn er trage aufgrund seiner vielen Reise-Erfahrungen *keine Vorurtheils-Brille.* Selbst Österreich, das er zur Recherche seines Buches über den *Deutschen Krieg von 1866* bereist hatte, mache *nicht sehr den Eindruck der Stagnation wie dieses moderne Frankreich.* Außerdem sollte Emilie an seinen Erfahrungen in französischen Unterkünften teilhaben. In den Hotels sei *von Luxus, Comfort, Elegance, keine Spur. Natürlich existirt das alles, aber wenn man fast 8 Tage in einem Lande* sei, *will man doch auch etwas davon gesehn haben. Das Essen ist gut, das Frühstück erbärmlich; der* »*Tischwein*« *das Schreckniß aller Deutschen.*[48] Fontane wird sich nach solch einem *Luxus* noch zurücksehnen.

Zunächst nahm die Reise aber ihren geplanten Verlauf. Am 30. September verließ er Sulz, von wo aus er Wörth besucht hatte, verbrachte die *Nacht in Saarbourg im Coupé* und kam am 1. Oktober in Blainville an. Dort stieg er in den *Postzug nach Nancy* um.[49] In Nancy schrieb Fontane einen Tag später an Emilie, er beabsichtige, nach Toul zu fahren. Die Festung war seit dem 12. September belagert und am 23. September – nach einem zehnstündigen Artilleriebeschuss – gerade erst von den Preußen erobert worden. In Toul wollte Fontane einerseits die *Gartenmauer* sehen, *hinter der George mit seinem Bataillon gelegen hat*, und andererseits *einen Ausflug nach Vaucouleurs und Dom Remy* [Domrémy] unternehmen.[50] Einen Ausflug, von dem er nicht wieder nach Toul zurückkehren sollte.

KRIEGSJOURNALIST AUF ABWEGEN
Verhaftung

Ausflug nach Domrémy

Es gab Hinweise, es besser nicht zu tun. Vor allem die »Mahnungen seiner Freunde zur äußersten Vorsicht«. Aber Fontane habe sich »nicht abhalten lassen«, erinnerte sich Henriette von Merckel.[1] Auf seiner Reise zu den Kriegsschauplätzen wollte er unbedingt ins *Jeanne-d'Arc-Land*, um zwei bedeutende Stätten der französischen Nationalheiligen zu besuchen: Domrémy und Vaucouleurs.

In Domrémy, wo Jeanne d'Arc um 1412 geboren wurde, sollen ihr mit dreizehn Jahren die Heilige Katharina, später auch die Heilige Margarete und der Erzengel Michael erschienen sein. Deren göttliche Botschaft war immer dieselbe: Jeanne müsse Frankreich von den Engländern befreien. Diese Befreiung hätte einen Konflikt beendet, der als Hundertjähriger Krieg (1337–1453) in die Geschichte eingegangen ist.

Im benachbarten Vaucouleurs versuchte Jeanne d'Arc 1429 den zunächst skeptischen Burgkapitän Robert de Baudricourt für ihre Mission zu gewinnen. Nachdem Baudricourt Jeanne einer Prüfung ihres Glaubens unterzogen hatte, stattete er sie mit einer Eskorte und einem Schwert für die Reise an den französischen Hof aus. Noch im selben Jahr begleitete die inzwischen Siebzehnjährige den französischen König Karl VII. bei der entscheidenden Schlacht vor Orléans gegen die Engländer – und verhalf Frankreich zum Sieg. Während die Franzosen Jeanne d'Arc daraufhin als Heilige verehrten, wurde sie in England als Hexe verdammt. Als sie ein Jahr später in die Hände der Engländer fiel, wurde sie 1431 durch die Inquisition zum Tod auf dem Scheiterhaufen verurteilt. Im 19. Jahrhundert entwickelte sich die Gestalt des heldenhaften Bauernmädchens zu einem Nationalmythos der Franzosen, der in unzähligen Romanen, Theaterstücken und Gesängen thematisiert wurde. Ihre Lebensstationen wurden zu Pilgerstätten. Jedes Kind in Frankreich kennt den Geburtsort Domrémy, der ihr zu Ehren den Zusatz »la Pucelle« [die Jungfrau] in den Dorfnamen aufnahm. In Deutschland wurde ihre Geschichte vor allem durch Friedrich Schillers 1801 uraufgeführtes Drama *Die Jungfrau von Orléans* bekannt.

Im Herbst 1870 befanden sich die Jeanne d'Arc-Orte Domrémy und Vaucouleurs außerhalb der preußisch besetzten Gebiete. Fontane wusste das. Aber sein »romantischer Zug nach dem Geburtsort der Jungfrau war stärker als seine Weisheit, und – die Strafe folgte auf dem Fuße.«[2]

Auch vor Ort gab es Anzeichen, die als Reisewarnung gedeutet werden konnten. Fontane traf am 3. Oktober in Toul ein, das seit der Kapitulation am 23. September von deutschen Truppen besetzt war. Nachdem er im Hôtel de la ville de Metz abgestiegen war[3], gelang es ihm *dank dem Kriege und den Requisitionen* nicht, *in der ganzen Stadt einen Wagen aufzutreiben*. Den Ausflug nach Domrémy *selber aufzugeben* schien Fontane *untunlich*; er *hätte jede Mühe und jeden Preis darangesetzt*.[4] So übte er sich in Geduld und hielt im Notizbuch fest: *Viel flanirt. Ein Buch über Jeanne gekauft*. Schließlich fand sich bei *der kranken Mad[ame] Grosjean* doch noch eine Kutsche, die er – nach einer Reparatur – für den nächsten Tag mieten konnte. Zufrieden las er am Abend in *»Jeanne d'Arc«*, ging *[f]rüh zu Bett* und startete am nächsten Morgen um *7 Uhr* seine *Fahrt nach Vaucouleurs und Domremy*.[5] Der Schicksalstag nahm seinen Lauf.

Fontane bewaffnet

Ich freute mich sehr auf diesen Ausflug, schreibt Fontane in *Kriegsgefangen*. Aber er hatte von Anfang an ein ungutes Gefühl. Bereits der Kutscher, ein »Knecht« der Madame Grosjean, flößte ihm *wenig Vertrauen ein, am wenigsten als er versicherte: die Partie sei in einem Tag nicht zu machen.* Man könne am Abend nicht nach Toul zurückkehren, sondern müsse in Vaucouleurs übernachten. Obwohl Fontane daraufhin ein *starker Verdacht* durch den Kopf schoss, glaubte er, dieser Person *schlimmstenfalls Herr werden zu können*: Fontane lud seinen *Lefaucheux-Revolver und*

Er ging von Hand zu Hand: Revolver, Modell Lefaucheux M 1858, Fontanes Exemplar ist verschollen

wickelte ihn derart in seine *Reisedecke,* dass er *durch einen Griff von rechts her, in die muffartige Rolle hinein, den Kolben packen und eine »Gefechtsstellung« einnehmen konnte.* Ausdrücklich betont Fontane, dass er den Revolver nicht mitgeführt habe, *um etwa auf eigene Hand Frankreich mit Krieg zu überziehen.* Man habe *aber die Pflicht, sich gegen mauvais sujets* [üble Kerle] *und die Effronterien* [Unverschämtheiten] *des ersten besten Strolches zu schützen.*[6] Dass der Revolver, den Fontane zur Notwehr mitführte, bei seiner Verhaftung zum Corpus Delicti wurde, gehört zur Ironie dieser Geschichte.

Da in keinem der überlieferten Dokumente auf die Herkunft des Revolvers Bezug genommen wird, kann nur gemutmaßt werden, von wem Fontane ihn erhalten hatte. Entweder er hat den Revolver – ein französisches Modell – in Frankreich erworben. Oder bereits in Berlin. Infrage kommt ein Freund, dessen *Trinkflasche* er bereits bei sich trug[7] und von dem er sich schon einmal bewaffnen lassen wollte: Bernhard von Lepel. Der Offizier und Schriftsteller zählte zu seinen engsten Vertrauten. Im September 1848 fragte Fontane bei Lepel an, ob er *nicht auf väterlicher Rumpelkammer eine alte aber gute Büchse* habe. Fontane würde

Frappante Ähnlichkeit mit der Mark Brandenburg: Landstraße zwischen Vaucouleurs und Domrémy, 2020

den Freund *nicht einen so sonderbar klingenden Wunsch [...] an's Herz legen,* wenn er sich nicht, *wie immer, in Geldverlegenheiten* befände. Sein Anliegen begründete Fontane mit den – von ihm ausdrücklich herbeigewünschten – Kämpfen der radikalen Demokraten während der »Septemberrevolution« von 1848.[8] Lepel, der im Revolutionsjahr 1848 die königstreuen Truppen unterstützte, lehnte den *Freundschaftsdienst* in gewohnt humorigem Tonfall ab: Fontane habe offenbar keine Bedenken, ihn »um eine Waffe zu bitten«, mit der er gegen seine konservative Partei fechten wolle. Und Lepel fragte, ob der Freund seine Bitte mündlich »ohne zu lachen« wiederholen könnte.[9] Ungeachtet dessen ist es umstritten, ob sich Fontane tatsächlich mit der Waffe in der Hand an den Barrikadenkämpfen beteiligt hatte.

In Frankreich kam der Revolver jedenfalls nicht zum Einsatz. Auch nicht, als der Kutscher einen weiteren *Fahrgast* auflas und der erneut misstrauisch gewordene Fontane daraufhin seine *Reisedecke unwillkürlich etwas zurecht* rückte. Der Fremde *erwies sich jedoch als ein freundlicher, angenehmer Mann* und so setzten sie *plaudernd über Krieg und Frieden* ihren Weg fort.

Kriegsjournalist auf Abwegen

Zum Frühstück hinter der Front:
Hôtel de la Providence in
Vaucouleurs, Postkarte, um 1900

Wie im Märkischen

In *Kriegsgefangen* schildert der Kriegsjournalist auf Abwegen seinen
Ausflug ins *Jeanne-d'Arc-Land* als *entzückende Fahrt*. Das lässt sich auch
150 Jahre später nachvollziehen. Malerisch führt die Straße durch kleine, stille Ortschaften und überquert hier und da die schmale Maas,
die sich kurvenreich durch die Ebene schlängelt. *Von rechts her traten
mächtige Weingelände, in der Mitte des Abhangs mit hellleuchtenden Dörfern
geschmückt, bis an die Straße heran; nach links hin dehnten sich Fruchtfelder,
dahinter Bergzüge, oft in blauer Ferne verschwimmend.* Zwei Orte und ein
paar Berge weiter erinnert Fontane die Landschaft aufgrund *frappanter
Ähnlichkeit mit dem Nuthethal* an seine märkische Heimat – und die Erzählweise an seine *Wanderungen durch die Mark Brandenburg*.

Nach drei Stunden erreichte die Fahrgemeinschaft Vaucouleurs,
ein[en] reizende[n] kleine[n] Ort, der sich am westlichen Ufer der Maas,
etwa dreißig Kilometer von Toul, befindet. Für den Aufenthalt hatte
der Kutscher *zwei Stunden festgesetzt. Zeit genug, die alte Kapelle und das
leidlich wohlerhaltene Schloss des ›Ritters Baudricour[t]‹, das die Stadt be-*

Das Schloss des Ritters auf der Crête des Berges: Porte de France in Vaucouleurs, Fontanes Skizze vom 5. Oktober 1870, Notizbuch D6

herrscht, zu besuchen.[10] Tatsächlich wendete Fontane für das Besichtigungsprogramm weniger Zeit auf. Denn zunächst machte er Station im Hôtel de la Providence in der Rue de Jeanne d'Arc, um sein Handgepäck, eine Tasche und Lepels Trinkflasche, zu deponieren – und um zu frühstücken.[11] Gestärkt suchte er anschließend die geschichtsträchtigen Stätten auf. Wer allerdings in *Kriegsgefangen* eine Beschreibung erwartet, wird enttäuscht. Darüber *zu berichten,* erklärt der Autor, sei *hier nicht der Ort.*[12]

Eindrücke finden sich dagegen in Fontanes bisher nicht bekannten Notizen über Vaucouleurs. Die noch heute erhaltenen Sehenswürdigkeiten liegen – aufgezogen wie an einer Perlenkette – am Abhang eines Berges, dessen Fuß bis in das Stadtzentrum reicht: erst die Kirche, dann die Kapelle und *ganz oben auf der Crête* [Krone] *des Berges* das *Schloss des Ritters.* Um sie zu besichtigen, musste man damals wie heute unzählige Steinstufen erklimmen. Während die Kirche Saint-Laurent und die 1928 rekonstruierte Burgkapelle noch erhalten sind, existieren von der Burganlage nur noch Reste. Zu ihnen gehört die 1733 erneuerte Porte de France. Hier soll Jeanne d'Arc, nachdem sie von Burgherr Robert

Auf der Krone des Berges: Burgkapelle und Porte de France in Vaucouleurs, 2020

de Baudricourt mit sechs Begleitern ausgestattet sowie mit dem Ausspruch »Va, va et advienne que pourra« [»Geh, geh und komme, was will«] verabschiedet worden war, am 13. Februar 1429 aufgebrochen sein, um den französischen Thronerben aufzusuchen. *Durch das Thor hindurch sieht man auf die Mauern und Dächer der Häuser [,] die weiter hinab am Abhang stehn, zwischen diesen Häusern und Dächern stehn Baumkronen und […] über diese hinaus ragt der spitze gothische Thurm der Stadtkirche.*[13] Wachsen die Bäume nicht weiter in den Himmel, wird man auch künftig diesen Blick genießen können.

Um zwölf Uhr ging es *weiter nach Domrémy*, circa zwanzig Kilometer südlich von Vaucouleurs. Kurz vor der *Einfahrt in das Dorf* erfährt Fontanes Beschreibung des *Jeanne d'Arc-Landes* eine romantische Steigerung: *Durch die herbstlich klare Luft zogen Tausende von Sommerfäden, und auf meine neugierige Frage, welchen Namen diese weißen Fäden in Frankreich führten, antwortete* der Kutscher, es seien die Haare der Heiligen Jungfrau. *War es denkbar,* formuliert Fontane beflügelt, *unter glücklicherer Vorbedeutung in das Dorf der Jeanne d'Arc einzuziehen?* Um dann abrupt zu konstatieren: *Und doch täuschten alle diese Vorzeichen.*

Ich machte meine Notizen: Geburtshaus der Jeanne d'Arc in Domrémy,
Fontanes Skizze vom 5. Oktober 1870, Notizbuch D6

Alles war Poesie

Um drei Uhr etwa fuhren sie in die Hauptstraße von Domrémy ein. Fontanes
*Eindruck, trotz hellen Sonnenscheins und des weißen Anstrichs der Häuser,
war ein düsterer; alles schien auf Verfall und Armut hinzudeuten.* Der Kutscher *hielt vor einem rußigen, anscheinend herabgekommenen Gasthause,
das in verwaschenen Buchstaben die Inschrift trug: »Café de Jeanne d'Arc«.
Es war unheimlich.*

Domrémy hat seitdem nicht viel getan, um seinen Besuchern einen besseren Eindruck zu vermitteln. Auch heute strahlt die Sonne
vom Himmel, aber die Einfahrt in die Hauptstraße lässt keine Freude
aufkommen. Die Häuser sind ergraut und die Fenster mit Rollläden
verschlossen. Nirgends Blumen vor den Häusern; stattdessen sprießt
Unkraut. Wir halten vor dem schmucklosen Hotel Jeanne d'Arc, dessen
heruntergelassene Jalousien und verwitterter Anstrich darauf hindeu-
ten, dass es die besten Tage hinter sich zu haben scheint. Gegenüber ein
Imbiss und daneben ein Souvenirshop, die beide den Versuch unternehmen, Touristen nicht sich selbst zu überlassen. Wie Fontane haben wir

Kriegsjournalist auf Abwegen

Pilgerstätte bis heute: Geburtshaus der Jeanne d'Arc in Domrémy, 2020

vor, uns *diesem Eindruck zu entziehen* – und suchen *unverzüglich* die *geweihte Stätte* auf, *wo »la Pucelle« geboren wurde. Es sind nur hundertfünfzig Schritt; in einem Stück Gartenland liegt das ehrwürdige Gemäuer.*

Nachdem Fontane *die Glocke an einem sauberen drahtgeflochtenen Gittertor* gezogen hatte, *das den Garten von der Straße schied,* öffnete eine Nonne, die ihn hineinbat und durch das Haus führte. Als er *in der Nische über der niederen Eingangstür* das in Stein gemeißelte Bild der *gewappneten Jungfrau* und im Haus *den alten eichenen Wandschrank* sah, der Jeanne d'Arc *jahrelang als Truhe gedient hatte, fiel alles Misstrauen* von ihm ab; Fontane fühlte sich *ganz dem Zauber dieser Stunde hingegeben.*

In *Kriegsgefangen* ergänzt der Reisende den eher seltenen Hinweis: *Ich machte meine Notizen.*[14] Und da das Notizbuch erhalten ist, erfährt man, dass Fontane weitaus mehr über seinen Rundgang in der heiligen Stätte festgehalten hat. Es seien nur drei Details genannt, die heute noch zu sehen sind: gleich im ersten Raum ein *großer alter Kamin links an der Wand,* in der Mitte eine Statue der Jungfrau in Bronze, 2 Fuß hoch [jetzt in einer Ecke platziert] sowie das leere, *drei halbe Arme im Quadrat* große *Schlafzimmer* mit einem kleinen *Lochfenster.*[15]

Sich jedes Kleinste einprägend: Dorfkirche Saint-Rémy (Jeanne d'Arcs Tauf-
kirche) in Domrémy, links vor dem Portal die Statue der Jeanne d'Arc, Postkarte,
um 1900

Das Haus selbst ist heute Teil eines Museums. Um es zu besichtigen, muss man zunächst einen modernen Anbau passieren, in dem
freundliche und auskunftsbereite Mitarbeiter darauf hinweisen, dass
der Besucher keinen Eintritt bezahlen, aber die coronabedingte Maske
aufsetzen muss. Wir passieren den Anbau, in dem mittels Animationen
die »Gesichter der Jeanne d'Arc« präsentiert werden, dann den Garten,
in dem es – im Gegensatz zum Ort – grünt und blüht, und gelangen
schließlich in das märchenhaft anmutende Häuschen mit dem schie-
fen Dach. An diesem heißen Junitag sind wir überall allein, können
in Ruhe Fotos machen und die Gegebenheiten mit Fontanes Notizen
abgleichen. Dann treten wir *zurück in den Garten und versenken uns noch
einmal in den Anblick dieses in Geschichte und Dichtung gleich gefeierten Or-
tes.* Fontane geriet in einen Sinnestaumel – *alles war Poesie.*

Romantisch auch die Dorfkirche, in der Jeanne d'Arc getauft wurde und die zusammen mit dem Geburtshaus auf der linken und dem
Hotel Jeanne d'Arc auf der rechten Seite eine filmreife Kulisse bietet.
Fontane *verweilte wohl eine Viertelstunde* in der Kirche, *sich jedes Kleinste
einprägend.* Dann trat er wieder *vor das Portal der Kapelle, zu deren Lin-*

Filmreife Kulisse: Dorfkirche Saint-Rémy (ohne Statue der Jeanne d'Arc) und Hotel Jeanne d'Arc in Domrémy, 2020

ken sich eine Statue der Pucelle erhebt. Das Denkmal befindet sich heute, gut zweihundert Meter vom alten Standort entfernt, zwischen zwei Linden und – weniger romantisch – vor einem Besucherparkplatz. Die Jungfrau *kniet im Gebet, presst die linke Hand aufs Herz, während sie die rechte gen Himmel hebt.* Ausgerechnet hier, vor dem Denkmal der Jeanne d'Arc, fand Fontanes Fahrt *ins alte, romantische Land* ein jähes Ende.

Verhaftung

Fontanes Urteil über das 1855 von Eugène Paul geschaffene Denkmal der Jeanne d'Arc war schnell gefällt: *eine wohlgemeinte, aber schwache Arbeit.* Als er dann mit seinem Stock an die Statue klopfte, *um sich zu vergewissern, ob es Bronze oder gebrannter Ton sei,* sah er *eine Gruppe von acht bis zwölf Männern, [...] ziemlich eng geschlossen und untereinander flüsternd* auf sich *zukommen.* Fontane stutzte, ließ sich in seiner Untersuchung aber nicht stören und fragte unbefangen, als sie heran waren, ob sie wüssten, *aus welchem Material die Statue gemacht sei. Man antwortete ziemlich*

Eine wohlgemeinte, aber schwache Arbeit: Statue der Jeanne d'Arc in Domrémy, 2020

Kriegsjournalist auf Abwegen

höflich, sie bestünde aus Bronze. Die Männer zeigten jedoch keinerlei Interesse, mit dem Fremden über *kunsthistorische Fragen* zu fachsimpeln. Stattdessen verlangten sie seine Papiere. Und weil es ihnen nicht gelang, sich darin *zurechtzufinden*, forderten sie Fontane auf, ihnen zur Überprüfung seiner Angaben *in das Wirtshaus zu folgen*.

Noch glaubte Fontane, die Situation im Griff zu haben. *Die ganze Szene, so peinlich sie war, hatte nicht gerade viel Bedrohliches.* Im Gegenteil: Nach dem Eintritt in das Café Jeanne d'Arc schien sie *ein immer helleres Licht gewinnen zu wollen.* Es wurden *Wein und Reimser Biskuit* herumgereicht und Fontane ergriff die Gelegenheit, den umstehenden, mehrheitlich angetrunkenen Dorfbewohnern, *deren Zahl von Minute zu Minute wuchs*, zu erklären, dass er sich auf einer Recherche-Tour für ein Buch über den noch andauernden Deutsch-Französischen Krieg befände und dass er heute eine *spezielle[n] Exkursion nach Domremy*, in den Geburtsort der französischen Nationalheldin Jeanne d'Arc, unternommen habe. Alles wurde wohlwollend aufgenommen.

Aber der kleine Lichtstrahl, der eben durchbrechen wollte, sollte bald wieder schwinden. Erst wurde die *zuhörende Gesellschaft* überrascht von einem *poignard* [Dolch], den ein *junger Bauer* aus Fontanes Stock zog, dann von seinem Revolver, der zum Vorschein kam, als Fontane aufgefordert wurde, seine Reisedecke auszuwickeln. Die Waffe *ging von Hand zu Hand* und wurde *mit sehr verschiedenen Gefühlen betrachtet*. Bevor die Stimmung ganz zu kippen drohte, wurde Fontane von einem Mann *aus dem Kreise der Minorität*, vermutlich einem Franctireur [französischem Freischärler][16], gefragt, ob er damit einverstanden sei, dass man ihn *nach Neufchâteau auf die Souspräfektur* [Bezirksverwaltungsbehörde] *führte*. Der Bedrängte *musste lächeln*; ebenso gut hätte man ihn fragen können, ob er *damit einverstanden sei, gehängt zu werden*.

Kaum hatte Fontane seine *Einwilligung* ausgesprochen, als man seinen Kutscher, der ihn *übrigens*, wie er ausdrücklich betont, *nicht verraten hatte, antrieb, seinen Braunen wieder einzuspannen*. Fontane bezahlte seine *Zehrung* bei der *Wirtin*, die ihn *teilnahmsvoll* ansah. Vor dem Wirtshaus bestiegen sie den Wagen: *Rechts der Kutscher, links ein Franctireur*, Fontane *eingeklemmt zwischen beiden*. Kurz darauf hatten sie Domrémy verlassen. *Die Sonne war im Niedergang; der Abend klar und schön; so ging es auf Neufchâteau zu.*[17] Offenbar war ihm in diesem Moment bewusst geworden, dass er seine Freiheit verloren hatte. Aber er ahnte noch nicht, in welcher Gefahr er tatsächlich schwebte. Erst rückblickend wird Fontane die Situation in seinem Tagebuch auf den Punkt bringen: *Hier war das Todtschießen nah.*[18] Fontanes Verhaftung vor dem Jeanne-d'-Arc-Denkmal könnte sich so abgespielt haben. Sie könnte aber auch anders verlaufen sein.

Erlebtes, aber die Wahrheit?

Die Geschichte der Verhaftung wird seit ihrer ersten Veröffentlichung im Dezember 1870[19] in allen Fontane-Publikationen immer wieder genau so erzählt. Obwohl es sich bei *Kriegsgefangen* um keinen sachlichen Bericht eines Journalisten, sondern um die autobiografische Schrift eines Dichters handelt, wurde Fontanes Version nicht infrage gestellt. Und für Fontane war es offenbar verlockend, die romantische Reise ins *Jeanne d'Arc-Land* auf ihrem Höhepunkt poetisch enden zu lassen.

Mehrere Indizien, die sich sowohl in den Notizen und im gedruckten Text als auch vor Ort finden lassen, sprechen jedoch dafür, dass die Verhaftung weitaus unspektakulärer über die Bühne gegangen sein könnte. Vermutlich wurde Fontane nicht vor der Statue der Jeanne d'Arc festgenommen. Denn anders als in *Kriegsgefangen* erzählt, wurde er nicht bei der Materialuntersuchung unterbrochen, sondern hatte sie – wie die Bemerkung im Notizbuch belegt – bereits beendet: *Ob es Erz ist oder gebrannte Thonmasse [,] ist nicht zu sehn. Es scheint aber Thonmasse.* Zudem hatte Fontane seine vor Ort angefertigten Notizen über die letzte Station seines Rundgangs durch Domrémy abgeschlossen. Sie enden mit dem wenig schmeichelhaften Urteil über die Statue, das er später, etwas modifiziert, in *Kriegsgefangen* übernimmt: *das Ganze eine schwächliche conventionelle Leistung.*[20] Entlarvender als die Notizen ist jedoch ein Hinweis im gedruckten Text, den Fontane schlichtweg übersehen haben muss. Auf dem späteren Transport zur Zitadelle von Besançon traf er einen *jener Herren, die* seine *Verhaftung vor dem Hause der »Pucelle« herbeigeführt [...] hatten.*[21] Wo also wurde Fontane verhaftet: vor der Kirche oder vor dem Geburtshaus der Jeanne d'Arc? So viel vorweg: weder noch.

Fraglich ist auch, wie sich Fontane verdächtig machte. Dass er sich als Tourist durch Domrémy bewegte, war für die Einheimischen unschwer zu erkennen. Und dass er vor und in den Jeanne-d'-Arc-Orten in einem Notizbuch schrieb und skizzierte, war vielleicht ungewöhnlich – aber wies ihn das als einen Spion aus? Und wer hat ihn überhaupt beobachtet? Die *acht bis zwölf Männer*, die ihn festnahmen, können es nicht gewesen sein, wenn sich das Gasthaus Café de Jeanne d'Arc in dem heutigen Hotel Jeanne d'Arc befunden haben sollte, wofür die Ähnlichkeit des Namens sprechen würde. Eine Überprüfung vor Ort ergibt: Die Sicht aus den Fenstern ermöglicht einen Blick auf die Straße oder auf die Seitenwand der Kirche. Aber es war unmöglich, Fontane beim Abklopfen der Statue vor der Kirche zu beobachten. Vom Wirtshaus erst recht nicht zu sehen war, wer sich vor der Geburtsstätte der »Pucelle« aufhielt, weil sich das Haus zurückversetzt neben der Kirche befindet.

Dass sein Kutscher, der nicht zum ersten Mal einen Jeanne-d'Arc-Touristen chauffierte, ihn *nicht verraten hatte*, hebt Fontane ausdrücklich hervor. Wer war es dann? Eine naheliegende Antwort klingt zunächst einmal verstörend: Fontane selbst. Aber mit Sicherheit unbeabsichtigt.

Und so könnte sich die Verhaftung tatsächlich abgespielt haben: Nachdem die *entzückende Fahrt* hinter die Front völlig problemlos verlaufen war, er alle Jeanne-d'-Arc-Stätten ungehindert besichtigen und in Vaucouleurs in einem öffentlichen Etablissement sogar frühstücken konnte, hatte Fontane – ungeachtet seines düsteren Eindrucks von Domrémy – vermutlich keine Bedenken, auch das Café de Jeanne d'Arc aufzusuchen, vor dem der Wagen ohnehin gehalten hatte und in dem sich sein Kutscher aufhielt. Bemerkenswert in *Kriegsgefangen* ist die ausführliche Schilderung, wie Fontane den Dorfbewohnern, *deren Zahl von Minute zu Minute wuchs*, seine Mission zu erläutern versucht. Wurde er befragt? Erzählte er von selbst? Wie auch immer: *alles [wurde] wohl aufgenommen*. Misstrauisch wurden die angetrunkenen Gasthausbesucher erst, als durch einen Zufall Fontanes Waffen zum Vorschein kamen. Nachdem *die Stimmung ziemlich hoch ging*, wurde der bedrängte Fremde vermutlich von einem Franctireur gefragt, ob er damit *einverstanden sei, dass man* ihn *nach Neufchâteau auf die Souspräfektur* führe.

Für die Version, dass Fontane im *Gasthause* verhaftet wurde, spricht außerdem ein korrektes Detail, das womöglich versehentlich in Fontanes Geschichte geraten – oder im Text stehen geblieben ist: In *Kriegsgefangen* erwähnt er, dass er vor dem Verlassen des Wirtshauses seine Rechnung bezahlte. Dass er nicht nur (mit-)getrunken, sondern auch gegessen hatte, belegt die Verwendung des Begriffes *Zehrung*. Unwahrscheinlich ist es, dass damit *Wein und Reimser Biskuit* gemeint sind, die bei dem Gelage *herumgegeben wurden*. Daher ist es unglaubwürdig, dass man Fontane vor dem Denkmal verhaftete, ihn anschließend in das Gasthaus abführte, um seine *Person* und seine *Reiseberechtigung* zu überprüfen[22], und ihn dann in aller Ruhe trinken und speisen ließ.

Ungeachtet dessen gilt es im Kontext der Verhaftung gleich mit einer zweiten Legende aufzuräumen. In nahezu allen Veröffentlichungen über Fontanes Kriegsgefangenschaft wird behauptet, der Dichter sei von Franctireurs festgenommen worden. Das Buch *Kriegsgefangen* enthält dazu widersprüchliche Hinweise: Zum einen schreibt Fontane (in einem anderen inhaltlichen Zusammenhang), dass er von einer *Franctireurschaft* verhaftet wurde.[23] Zum anderen ist bei der konkreten Schilderung seiner Festnahme nur von einer *Gruppe von acht bis zwölf Männern* die Rede. Und im Gasthaus, wohin ihn die Männer brachten, wurde ihm kein Franctireur-Anführer gefährlich, sondern der betrunkene Maire [Bürgermeister].[24] Übereinstimmend in beiden Textstellen ist dagegen, dass ihn im Wirtshaus Franctireurs *vor den Insulten* [Beschimpfungen] *des Dorfpöbels gerettet hatten*.[25] Wer hat Fontane nun verhaftet: die Dorfbewohner von Domrémy (*Dorfpöbel*) oder die Franctireurs? Eine Antwort gibt sein handgeschriebener Lebenslauf, den er für den französischen Innenminister in Vorbereitung auf seine Freilassung verfassen musste. Demnach haben ihn keine Franctireurs verhaftet, sondern: *Landleute*.[26] Fontane hat diesen Aspekt seiner Festnahme später nicht aufgeklärt. Wie so einiges andere auch nicht. Für die Folgen seiner Festnahme und angesichts der Lebensgefahr, in der er nun schwebte, war es allerdings nicht entscheidend.

Für die erzählerische Darstellung der Verhaftung jedoch konstruierte er eine Szene, die einfach zu schön ist, um wahr zu sein. Wie heißt es doch über die letzte Viertelstunde seiner romantischen Reise: *alles war Poesie.*

FURCHTBARE ÄNGSTE
In Gewahrsam

Nächtliche Attacke

Seit gestern bin ich ein Gefangener, schrieb Fontane am 6. Oktober 1870 an seine Frau. *In Domremy, eben in voller Jean d'Arc-Bewunderung, wurde ich verhaftet.* Man habe ihn *für einen verkappten preußischen Officier* gehalten.[1] Den Brief verfasste er in Langres, als er die erste schlimme Nacht bereits hinter sich hatte. Nach seiner Verhaftung in Domrémy, erzählt Fontane in *Kriegsgefangen,* war er zunächst nach Neufchâteau gebracht worden, wo er Monsieur Cialandri vorgeführt wurde. Der Souspräfekt bedauerte, Fontane unter den gegebenen Umständen *nicht ohne weiteres in Freiheit setzen zu können.* Und erklärte ihm, *der Capitaine der Gendarmerie, nach dem er bereits geschickt habe, werde das Weitere veranlassen.* Alles in allem, vermutete Fontane, schien die Situation *nicht hoffnungslos.*

Dass er sich geirrt hatte, zeigte der Auftritt des Capitaine. Der Offizier nahm den Bericht des Souspräfekten entgegen, warf dann und wann *ein kurzes Wort ein und blickte, scharf musternd, mit seinen dunklen Augen zu* Fontane *herüber.* Der hielt dem Blick des Capitaine stand, weil er sich nicht provozieren lassen wollte, weil er sich unschuldig fühlte und weil er davon überzeugt war, *dass man durch Sichkleinmachen noch nie das Herz eines Feindes erobert hat.*

Schließlich wandte sich der Capitaine mit einigen Fragen an Fontane, der erneut entschieden verneinte, ein *officier prussien* zu sein. Aber es gelang ihm nicht, den französischen Offizier von seiner Unschuld zu überzeugen, geschweige sein Herz zu erobern. Fontane wurde wieder abgeführt – diesmal direkt in das *Gefängnis der Stadt,* ein *weitschichtiges Gebäude,* wo ihn der Capitaine zunächst in die Wohnung des *Greffier*

[Gerichtsschreibers] *von Neufchâteau* brachte. Als der Greffier sich erhob und ihnen entgegenschritt, war Fontane *wie vom Donner getroffen.* Vor ihm stand *das leibhaftige Ebenbild* seines Vaters, der vor drei Jahren, *fast um dieselbe Stunde,* verstorben war. Hier sah er *ihn wieder, frisch, lebensvoll, hoch aufgewachsen, mit breiten Schultern und großen Augen, im Auge jene Mischung von Strenge und Gutmütigkeit, wie sie ihm eigentümlich gewesen war.* Bevor Fontane über die Sinnestäuschung nachdenken konnte, wurden letzte Zweifel beseitigt, in welcher Lage er sich befand. Der Capitaine übergab ihn dem Gerichtsschreiber, *der den wohlklingenden Namen Mr. Palazot führte,* verbeugte sich *mit einem Anflug von Ironie* und ließ ihn mit seinem *Hüter* allein. Fontane *war jetzt Gefangener.*

Nachdem er *Uhr und Geld und kleines Perlmuttermesser, das gerade ausgereicht haben würde, einen Maikäfer zu ermorden, bei ihm deponiert hatte,* stellte Monsieur Palazot *die üblichen Fragen und machte sich Notizen.* Dann wurde Fontane zu Tisch gebeten und entkam der *immer lebhafter* werdenden *Debatte* gegen *neun Uhr,* als ihn *eine völlige Erschöpfung* überfiel und er bat, in sein Zimmer geführt zu werden. Er glaubte, wirklich *Zimmer* gesagt zu haben. Tatsächlich trug es *die Inschrift* »chaot« – Gefängnis. Als ihm der *übliche Gefängnisapparat – der Schemel, der Wasserkrug, das eiserne Bett* – gewahr wurde, musste er *lächeln* und sprach vor sich hin: *alles echt. Das Ganze hatte zudem nichts Abschreckendes. Die Wände waren weiß, die Laken sauber, durch das breite Gitterfenster fiel das Mondlicht.* Aber der Fakt blieb: Fontanes Exkursion ins *Jeanne-d'Arc-Land* endete in einer Zelle. Er war, wie Fontanes Freund Hermann Freiherr von Wangenheim schrieb, »aus dem romantischen Land, das er durchwanderte, in die Wirklichkeit« gefallen.[2]

An Schlaf war nicht zu denken. In der Nacht jagte unter dem Fußboden *geschwaderartig und mit stampfendem Gepolter* die Kavallerie. *Jeden Augenblick* musste Fontane fürchten, dass sie sein *Bett mit Sturm nehmen würden.* Es waren Ratten. Nie habe er *diese Tiere mit solcher Frechheit sich gebärden sehen; sie waren überall, zupften und zerrten an den Decken. Und ließen sich durch sein Husten und Zurufen nicht im geringsten stören.* Fontane flüchtete auf das breite Fensterbrett. Aber das *höllische Getier* ließ nicht von ihm ab. Die Ratten *drängten sich an den Schemel,* den Fontane *als eine Art Treppenstufe vor das Fenster geschoben hatte,* und versuchten, *diesen zu erklettern. Schließlich gaben sie auf. Um vier Uhr wurde es still,*

Furchtbare Nacht: Fontanes nachträgliche Einträge über den Beginn seiner Gefangenschaft Anfang Oktober 1870, Notizbuch D6

um fünf *dämmerte es* und um sieben *erschien Mr. Palazot*, der für Fontanes Schlaflosigkeit lediglich ein müdes Lächeln übrighatte.[3] Im Notizbuch vermerkt Fontane nur kurz und knapp: *Furchtbare Nacht*.[4]

Feindlich gesinnte Bevölkerung

Es blieb furchtbar. Obwohl Monsieur Palazot es seinem Gefangenen am Morgen des 6. Oktober ermöglichen wollte, den Schlaf nachzuholen, blieb zum Ausruhen keine Zeit. Gegen neun Uhr, erzählt Fontane in *Kriegsgefangen*, kamen drei Gendarmen, um ihn *nach der Festung Langres, zum Brigadegeneral* zu bringen. Der Transport wurde zu einer Tortur. Weil der Bahnhof *an der entgegengesetzten Seite der Stadt* lag, musste Fontane – eskortiert von den Gendarmen – *also die Hauptstraße der ganzen Länge nach passieren*. Nachdem *sich schon am Abend vorher* die

Nachricht seiner Verhaftung *in allen Schichten der Bevölkerung* verbreitet hatte, lief der Gefangene durch ein Spalier von Schaulustigen: *Es war eine Art Volksfest.* In Langres, wo er vier Stunden später eintraf, entwickelte sich der Marsch zum Gefängnis – das sich zu Fontanes *Leidwesen* auch hier am äußersten Stadtrand befand – zu einem *Spießrutenlauf durch eine feindlich gesinnte Bevölkerung.* Ein Phänomen, das Fontane in den nächsten Wochen auch *an allen anderen Orten* begleitete und das von anderen Kriegsgefangenen bestätigt wird. Adolf Genzel, ein Sergeant aus Halberstadt, berichtet in seinen Erinnerungen von der »außer Rand und Band geratenen« Bevölkerung, die in den Städten »johlend und schreiend, schimpfend und fluchend« die Gefangenentransporte vom Bahnhof zum Gefängnis begleitete. »Frauenzimmer kamen dicht an uns heran, spuckten nach uns und hielten mir drohend ihre kleinen Fäuste vor das Gesicht.« Und vor einem Gefängnis in Moulins, wo auch Fontane später Station machen wird, schien »das Geschrei und das Verlangen, uns die Köpfe abzuschlagen«, kein Ende zu nehmen.[5]

In Langres war es vor allem die *Straßenjugend,* die *ziemlich arg* hinter Fontane her war, *namentlich in den engen Gassen.* Auch wenn er nicht alles verstand, was sie ihm zuriefen, so hatte er *doch gerade Ohr genug, um das immer wiederkehrende* »pendre« [hängen] *und* »fusiller« [erschießen] *sehr deutlich herauszuhören.* Fontane, derart bedrängt, hatte große Angst. Er spricht es in *Kriegsgefangen* nicht aus, sondern vermittelt seine Furcht metaphorisch, indem er sich *eines alten Liedes* bedient. Als er in Neufchâteau von Haus zu Haus *an den Gruppen Neugieriger vorüber musste,* ging ihm die Figur der »Mary Hamilton« *durch den Sinn.* Die altschottische Ballade »The Queen's Mary« hatte Fontane in Walter Scotts Textsammlung »The Minstrelsy of the Scottish Border« gelesen. Sie handelt von einer Hofdame am schottischen Hof, die vom König geschwängert wird. Weil Mary das Kind getötet hat, wird sie selbst zum Tode verurteilt. Fontane zitiert die Strophe, in der sie unter Beobachtung der vor ihren Häusern stehenden Männern und Frauen *die Straß' entlang* schreitet. Und ergänzt: *Mary Hamilton schritt auf einen Hügel zu, um dort zu sterben. Wohin schritt ich?*[6]

Ein paar Tage später wird er seine Angst vor der französischen Bevölkerung relativieren. Aber nicht in *Kriegsgefangen,* sondern in einem Brief an seine Frau. Die Menschen seien *sehr aufgebracht gegen uns, und*

wenn man durch die Städte und Dörfer kommt, spürt man irgendwie eine Ge-
fahr. Doch Fontane war – und das schreibt er nicht nur zur Beruhigung
an Emilie – der Bevölkerung nicht schutzlos ausgeliefert. Nehmen *die*
Obrigkeiten die Dinge in ihre Hand, sei alles in Ordnung. Die Erregung legt
sich, und die Gerechtigkeit waltet.[7] Auch Adolf Genzel hebt »die Nothwen-
digkeit unserer Bedeckung« durch die begleitenden Gendarmen hervor, die es schwer genug hatten, die Gefangenen »vor der rasenden Bevölkerung« und ihren »thätlichen Angriffen« zu schützen.[8]

Hoffnung in Langres

Fontane wurde in Langres in ein *Verhörslokal* gebracht, in dem *die Militärgerichtsbarkeit der Brigade* ihren Sitz hatte. Bevor *zwei Capitaines* die
Befragung vornahmen, legte der *Gendarmeriewachtmeister* Fontanes
Papiere, darunter auch die Legitimationskarten, Briefe und Notizbücher, die
man ihm in Domrémy abgenommen hatte, *auf den Tisch.* Fontane, der
aufgrund von Schlaflosigkeit und des anstrengenden Marsches durch
Langres *einer Ohnmacht nahe war,* bat um *ein Glas Wasser.* Ihm war bewusst, dass es hier auf seine Antworten *sehr erheblich ankommen* würde.
Statt Wasser wurde ihm Wein gebracht. Fontane *stürzte* ihn hinunter
und *war nun wie neubelebt.* Auch für ein Überleben gab es Hoffnung.
Obwohl man erneut *einen Offizier* aus ihm *herauspressen wollte,* waren
die Fragen im Gegensatz zum Verhör in Neufchâteau *ruhiger, weniger
feindselig.* Zudem schienen Fontanes *Erscheinung,* seine *Sprachweise* und
vor allem die Notizen seines *Taschenbuchs* die Situation zu seinen Gunsten
zu wenden. Seine Zuversicht steigerte sich, nachdem er am Schluss des
zehnminütigen *Zwiegesprächs mit den beiden Capitaines das Wort* »Kaserne« *gehört zu haben glaubte.* Ein Wort, das ihm angesichts seiner Lage
schon halb wie Freiheit klingen musste.[9]
  Fontanes Optimismus, mit einem blauen Auge davonzukommen,
hatte noch einen weiteren Grund. Den er in *Kriegsgefangen* nicht verrät
und der nur indirekt aus seiner Korrespondenz hervorgeht. Die Capitaines gestatteten dem Gefangenen, Briefe zu schreiben. Diese Chance
nutzte Fontane, um seine Frau nicht nur über seine Gefangenschaft zu
informieren, sondern ihr detaillierte Anweisungen zu geben, wer zu

kontaktieren sei, um *die französische Regierung wissen zu lassen*, dass er nichts weiter *als ein Schriftsteller pur et simple* sei, der für sein Buch *den Kriegsschauplatz bereist*. Vielleicht sei es möglich, sowohl auf *irgend einen einflussreichen Kirchenfürsten* als auch auf den Justizminister Crémieux und Außenminister Favre einzuwirken.

Außerdem informierte er Emilie am Ende des Briefes, an Crémieux selbst *eben ein Telegramm gerichtet* zu haben.[10] Darin teilte Fontane dem Justizminister auf Französisch mit, *ein enger Freund von Professor Lazarus und ein Autor wie er* zu sein[11] – und beteuerte seine Unschuld: Er sei *ein Schriftsteller und kein preußischer Offizier*.[12] Sicherheitshalber wandte sich Fontane auch gleich an Lazarus, um ihn zu bitten, er möge ihn an Crémieux empfehlen und auf den Wert seiner Werke, insbesondere der Kriegsbücher von 1864 und 1866, hinweisen. Sein *Metier* sei *die Geschichte*.[13]

Während sich Fontane in *Kriegsgefangen* also als ein Häftling darstellt, der den lokalen Behörden ausgeliefert war und der sich für die Verteidigung ausschließlich auf seine Integrität und seine Überzeugungskraft verlassen musste, war er tatsächlich selbst schon aktiv geworden. Bereits 24 Stunden nach seiner Festnahme mobilisierte Fontane genau den Personenkreis, der sich später für ihn einsetzen würde. Was er nicht wusste: Seine Briefe an Emilie kamen in Berlin zunächst nicht an. Es bedurfte jedoch keines Anstoßes, denn die Freunde bemühten sich unaufgefordert um seine Freilassung.

Im Anschluss an das Verhör wurde er *in ein graues schlossartiges Gebäude geführt* und einer neuen Obhut übergeben. Monsieur Bourgaut, der den Gefangenen *in Empfang* nahm, *plapperte* fortwährend *mit halblauter Stimme lange Sätze vor sich* hin, die Fontane *nicht verstand*. Er brachte ihn *in ein geräumiges, in allem übrigen aber* seinen *Erwartungen wenig entsprechendes Zimmer*. Das breite Fenster war dicht vergittert, *die Dielen zernagt oder durchgetreten*, und in einem *zweihandgroßen Loch* des zugemauerten Kamins lagen *abgenagte Knochen*. Als Fontane an das Fenster trat und *durch die Gitterstäbe* hinunterblickte, musste er *den letzten Rest der Vorstellung aufgeben*, dass er sich *in einer Kaserne befände*. Und ein letzter Funken Hoffnung erlosch vor der Nachtruhe, als Monsieur Bourgaut noch einmal vorbeischaute, ihm den *Abendtee* servierte und ihn dann mit einer Hiobsbotschaft um den Schlaf brachte. Er nahm *eine*

Furchtbare Ängste

gewisse feierliche Haltung an und erklärte, *um vieles deutlicher und akzentu-
ierter als gewöhnlich,* dass der Brigadegeneral morgen früh *in Gegenwart
der zivilen und militärischen Autoritäten* über sein *Schicksal entscheiden*
werde. Obwohl die letzten Worte *einen ziemlich finstren Klang* hatten,
kam der völlig erschöpfte Fontane nicht zum Nachdenken, sondern
schlief zunächst ein.

Mitten in der Nacht fuhr er auf. Der unruhigen Seele, *die bis dahin
vergeblich den wie tot Schlafenden gerüttelt und geschüttelt hatte,* gelang es,
ihn *jetzt plötzlich ins Leben zurückzuholen.*

Fontanes Rettungsformel

Die Ankündigung, morgen werde über sein Schicksal entschieden,
schoss Fontane immer wieder durch den Kopf. *Eine furchtbare Angst
ergriff* ihn, *und mit übergeschäftiger Phantasie* fing er an *zusammenzuad-
dieren,* was gegen ihn sprach. *Es gab eine hübsche Summe.* Erstens hatte
man *Waffen* bei ihm gefunden, zweitens hatte er – nach Auffassung
der Franzosen unberechtigt – eine Rot-Kreuz-Armbinde getragen, die
nur dem Sanitätspersonal erlaubt war. Und drittens sprachen seine *Le-
gitimationspapiere, die alle mehr oder weniger auf Anrufung der preußischen
Militärautoritäten* zu seinem *Schutz* hinausliefen, *mehr gegen* als für ihn.
Wie federleicht wogen dagegen seine Notizbuchaufzeichnungen, *die alles
waren,* was er *direkt und unverzüglich* zu seiner Verteidigung beibringen
konnte! Fontane *sah nur schwarze Kugeln in die Urne fallen und – mon sort
fut décidé* [mein Schicksal war entschieden].

Eine halbe Stunde *oder vielleicht länger* lag er da wie betäubt. Dann
besiegte er die erneute Todesangst mit einem für ihn ungewöhnlichen
Hilferuf: *Ich war fertig mit allem und bat Gott, mich bei Kraft zu erhalten
und mich nicht klein und verächtlich sterben zu lassen.* Es spricht für den
nicht streng gläubigen Fontane, dass er von seinem Flehen um göttli-
chen Beistand erzählt. Nach der Schilderung seines Gebets jedoch fährt
er in seinem charakteristischen Plauderton fort: *Genug davon. War es
Erschöpfung, oder war es die Ruhe vollster Erregung, – ich schlief wieder ein.*

Als Fontane im *Morgengrauen* erwachte, *stand plötzlich für ihn fest,
dass alles davon abhänge, einen wenigstens vorläufigen Beweis zu führen, dass*

er *kein preußischer Offizier sei.* Um vier Uhr begann er ein *Memoire* zu schreiben, mit dem er *den Beweis* seiner *Nichtmilitärschaft bis zur Evidenz* zu führen gedachte. Um acht Uhr war er fertig und eine Stunde später lag sein Papier dem General vor. Fontanes Rettungsformel hieß nun: *»Donnez-moi du temps et vous me donnez tout«* [Geben Sie mir Zeit, und Sie geben mir alles].

Und sie schien zu wirken: *Der Vormittag verging, der Nachmittag, der Abend.* Die zivilen und militärischen Autoritäten *waren nicht zusammengetreten,* um mit dem Brigadegeneral über sein Schicksal zu entscheiden. *Es fiel mir wie eine Last von der Brust,* bekennt Fontane. Zur Beruhigung trug auch ein *zappelmännischer Mr. Bourgaut* bei, der ihm beim Servieren des Abendtees zuflüsterte, alles werde gut. *Auch der nächste Tag,* der 8. Oktober, *verging ohne Kriegsgericht.* Fontane *durfte nun annehmen,* gerettet zu sein. Er fühlte sich *dem Leben wiedergegeben.* [14]

Nicht in *Kriegsgefangen,* sondern in seinem Tagebuch spricht Fontane ohne poetischen Schleier aus, was in diesen zwei Tagen auf dem Spiel gestanden hatte: *Man schleppte mich nach Neufchâteau und Langres. Hier war das Todtschießen nah. Das Gewitter verzog sich aber wieder.* [15] Es war jedoch tatsächlich nur eine Atempause. Denn die Entscheidung über sein Schicksal war nur aufgeschoben.

Idyll zu Langres

Obwohl Fontane der Meinung war, seine *vollkommenste Unschuld* sei *evident,* konnte sich die Militärgerichtsbarkeit in Langres *nicht entschließen,* ihm *ohne weiteres die Freiheit zurückzugeben. Es geschah, was immer in solchen Fällen zu geschehen pflegt: eine Autorität schob einer andren die Verantwortung zu.* Der Brigadegeneral beschloss, den Gefangenen der übergeordneten Institution zu übergeben: der Division, die ihren Sitz in Besançon hatte. Aber bis Fontane überführt wurde, *vergingen noch drei Tage.* Sie waren sein *Idyll zu Langres.* Was der neuen Aufgabe geschuldet war, die er von seinem *»Gardinenchef«* Bourgaut zugewiesen bekam. Fontane avancierte zum *Gesellschafter* von *»Monsieur Louis«,* Bourgauts dreizehnjährigem Sohn, mit dem er nun *zwölf Stunden des Tages* las, lernte und spielte. Dabei kam es zu skurrilen Momenten. Fontane erzählt, wie beide auch *eine Art ernsteren Sport* betrieben. »*Mon cher Louis*« zeigte seinem neuen Hauslehrer, wie man aus Knallpapier sandkorn-große Körnchen für *ein kleines Pistolet* herausschälte. Und während *Papa Bourgaut in seinem entlegenen Büro Listen schrieb und revidierte*, feuerten dessen Sohn und Fontane im oberen Stockwerk auf eine Papierscheibe, *dass der Kalk von den Wänden flog*. Am 11. Oktober kündigte Bourgaut den Transport nach Besançon für den nächsten Tag an. Außerdem prognostizierte der »*Gardinen-chef*«, Fontane werde entweder über die Schweiz in die Heimat zu-rückgeschickt oder er erhalte von höherer Stelle die Genehmigung, in Frankreich zu bleiben. *In diesen paar Worten lag ein ganzer Himmel*, jubelte Fontane. Er fühlte sich *wie genesen, betrachtete* sich *als frei*. Das feierliche Abschiedsmahl, bei dem Madame Bourgaut einen Tauben-braten servierte, machte das *Idyll zu Langres* perfekt. Nach der Festlich-keit rollte er seine *paar Sachen in die Reisedecke hinein und warf* sich *aufs Bett*. In zwölf Stunden hoffte er in Besançon, *in vierundzwanzig Stunden in Freiheit zu sein*. Dem Leser von *Kriegsgefangen* bleibt nicht viel Zeit, sich mitzufreuen. Auch das Kapitel über seine Zeit in Langres beendet Fontane mit einem Cliffhanger, der die zuvor beschriebene Stimmung konterkariert: *Es war anders beschlossen*.

Emilie ahnungslos

Während ihr Mann in Frankreich eine emotionale Berg- und Talfahrt durchlebte, war Emilie noch völlig ahnungslos. Als Fontane sich am 8. Oktober in Langres *dem Leben wiedergegeben* fühlte, sah sie sich, ge-rade »eine heftige Grippe überstanden«, erstmals in der Lage, ihrem Mann zu antworten. Sie dankte ihm für seine Briefe und Karten, die ihr und ihrer Schwägerin Lise, die während Fontanes Abwesenheit bei Emilie weilte, »viel Freude« bereitet hätten. Sein »Franzosenthum oder vielmehr Sprechen« mache sie »ganz stolz« und sein Humor lasse sie glauben, dass es ihm »leidlich ergeht«. Dass auch Fontanes Umfeld arg-los war, belegt Emilies Mitteilung, Lepel wolle heute »Deine Schrift-stücke den Freunden im Rütli vortragen« – einer 1852 gegründeten Zusammenkunft, bei der sich die Mitglieder, unter ihnen Fontane,

Beunruhigt von Anfang an:
Emilie Fontane, um 1874

Bernhard von Lepel, Friedrich Eggers, Moritz Lazarus und August von Heyden, gegenseitig eigene Dichtungen vortrugen.

Emilie berichtete zudem, sie würden täglich die *Vossin* nach einem Artikel von ihm »durchforschen«. Offenbar war mit dem Chefredakteur Hermann Kletke vereinbart worden, dass Fontane der *Vossischen Zeitung*, bei der er ja seit August als Theaterkritiker angestellt war, Berichte über seine Frankreich-Reise schicken sollte. Aufgrund seiner Verhaftung erschien jedoch kein einziger Beitrag. Stattdessen wird in der *Vossischen Zeitung* nach Fontanes Rückkehr *Kriegsgefangen* in dreizehn Folgen erstveröffentlicht.

Da Emilie regelmäßig Post von ihrem Mann erhalten hatte – der letzte Brief kam aus Toul und war auf den 4. Oktober datiert[16] –, wähnte sie ihn auf halbwegs sicheren Pfaden. Sie machte sich Sorgen um seine Ausstattung, nicht um sein Leben. So wäre sie beruhigter, schrieb sie, hätte er ein zweites Paar Stiefel bei sich.[17] Beunruhigt war Emilie erst, als keine Nachrichten mehr eintrafen.

WEISSBROT STATT NUSSTORTE
Gefängnisalltag in Besançon

Welche Illusionen!

Emilie solle *jetzt keinen Bericht über* seine *Gefangennahme erwarten*. Das sei *eine zu lange Geschichte, und er sei innerlich noch nicht ruhig genug für eine solche Schilderung,* schrieb Fontane aus der Zitadelle von Besançon. Seine *völlige Unschuld,* beteuerte er, *wird sich bald erweisen.* Und er versicherte ihr, *dass die Autoritäten der Citadelle höflich, liebenswürdig, großzügig seien.* Obwohl das *ein großer Trost* sei, bleibe es für jemanden, der bisher »*verhätschelt*« wurde, *eine sehr schwierige Situation.* Wie schwierig – das lässt der hinzugefügte Stoßseufzer erahnen: *Oh, Jeanne d'Arc! Du kommst mich teuer zu stehen.*[1]

Was er seiner Frau aus der unmittelbaren Situation heraus nicht schreiben konnte oder wollte, führte Fontane wenige Wochen später in seinem Buch *Kriegsgefangen* aus. Drei Unterkapitel füllt der Aufenthalt in Besançon, wo nun endlich die Entscheidung über sein Schicksal getroffen werden sollte. Noch bevor Fontane in Besançon eintraf, war er sich sicher, wie diese ausfallen würde: zu seinen Gunsten. Besançon schien ihm *lediglich als Etappe zurück in die Freiheit;* die *direkten Zusicherungen* seines »*Gardinenchefs*« in Langres reichten ihm als Beleg. Wie auch die Annahme, alles folge *einem gewissen ästhetischen Gesetz,* wonach mit der *Lösung des Konflikts innerhalb der nächsten vierundzwanzig Stunden* zu rechnen sei. Mit Blick auf sein bisheriges Leben glaubte Fontane, *Exposition, Stürzung und Lösung des Knotens* nicht nur *jederzeit bequem verfolgen, sondern auch in einem gewissen Verwicklungsstadium genau vorhersagen* zu können. So auch im aktuellen Drama, an dessen Ende *ein alter wohlwollender General auftreten* und ihm sagen würde: »*Mr. F., wir beklagen die Unannehmlichkeiten, die wir Ihnen gemacht haben; Sie sind*

Der Berg war wieder sehr hoch: Zitadelle über der Altstadt von Besançon, 2020

ein lieber Mensch; reisen Sie glücklich.« Diesmal jedoch ging *alles verquer.*
Nach Besançon wurde Fontane am 12. Oktober 1870 überstellt.
Weil ihn die Gendarmen früh in Langres abgeholt hatten, war er auf
dem Weg zum Bahnhof *einigermaßen* sicher *vor der Zudringlichkeit der
Bevölkerung.* Am frühen Nachmittag traf die kleine Eskorte in Besançon
ein. Auf der *Kommandantur* der hier stationierten Division nahmen sie
in einem *Vorzimmer auf einem Armesünderbänkchen Platz.* Während die
Gendarmen ungeduldig *nach ihrem Mittagbrot verlangten,* träumte Fontane *von unmittelbarer Freilassung und Unterbringung in einem Hotel.* Stattdessen kam *die ruhige Weisung: »à la Citadelle«.* Fontane erschreckte *diese
Order* nicht, er fabulierte einfach weiter. Dabei entsann er sich eines
früheren *Besuches auf der Spandauer Zitadelle* und knüpfte an *Festungshaft
[…] die Vorstellung von Nachmittagskaffee und einer Partie Sechsundsechzig.
Welche Illusionen!*[2]

Weißbrot statt Nusstorte

Nicht sehr einladend

Der Marsch zur Zitadelle führte Fontane wieder aus der Stadt heraus. Dann ging es erneut *sehr hoch* hinauf. Alles im *Geschwindeschritt*. Und das *bei attestierter Herz- und Lungenschwäche*.[3] Auch uns – im selben Alter – stockt hundertfünfzig Jahre später fast der Atem. Vor Anstrengung. Die Zitadelle thront zwar »nur« circa hundert Meter über der Altstadt, aber der Weg führt, kürzt man ihn über die Steintreppe ab, steil bergauf. Natürlich könnte man auch den Bus nehmen, der regelmäßig zwischen Stadt und Festung pendelt.

Im *Hinaustreten aus der Stadt* passierte Fontane *ein triumphbogenartiges, höchst pittoreskes Portal, hinter dem sich (schon am Abhange des Zitadellberges) die Kathedrale, eine mächtige Jesuitenkirche, erhob. Er suchte sich ihr Bild einzuprägen, reckte den Hals und stieg immer höher.*[4] Bewegt man sich frei in Besançon, lohnt es, an dieser Stätte zu verweilen. Die antike Porte Noire [Schwarzes Tor] hat über all die Jahrhunderte nichts von ihrer Imposanz eingebüßt. Der Triumphbogen, unter Kaiser Marc Aurel nach dessen Sieg über die Parther im 2. Jahrhundert errichtet, diente nicht als Stadt-, sondern als – vermutlich freistehendes – Ehrentor und verweist auf die römischen Wurzeln von Besançon. Hinter dem Portal steht die St.-Johannes-Kathedrale, deren Bild sich Fontane einprägen wollte und deren Abendglocken er später regelmäßig auf der Zitadelle vernehmen wird. Die Kathedrale ist heute noch Amtssitz des Erzbischofs von Besançon. Dessen Residenz befand sich bis zu Beginn des 20. Jahrhunderts vor dem Triumphbogen, im Palais archiépiscopal de Besançon [Erzbischöflicher Palast von Besançon] auf der rechten Straßenseite. Als Fontane am 12. Oktober auf die Zitadelle geführt wurde, lief er an dem repräsentativen Eingangsportal des Palastes achtlos vorbei, ohne zu ahnen, dass dessen Hausherr zwei Wochen später zu seinem wichtigsten französischen Fürsprecher avancieren würde.[5] Das Gebäude ist erhalten geblieben und seit 1905 Sitz des Rektorats der Universität.

Nachdem Fontane die Zitadelle erreicht hatte und über die *Zugbrücke* gegangen war, wurde er auf einen *Vorplatz* geführt, wo er an einer *Steinwand* ein *Brett mit der verwaschenen Inschrift: Prison militaire* [Militärgefängnis] entdeckte. Selbstironisch kommentierte er: *Das sah*

Ein triumphbogenartiges, höchst pittoreskes Portal: Porte Noire in Besançon, Kupferstich, 1870

nicht sehr einladend aus. Fontane war nicht in Spandau angekommen. Und muss spätestens beim Eintritt in diese Festung realisiert haben, dass seine Kriegsgefangenschaft kein kurzes Gewitter war. *Seine Hoffnungen sanken jetzt rapide, wie das Wetterglas bei Erdbeben.*[6]

Mutiges Mischkonzept

Es fällt auf, dass Fontane in *Kriegsgefangen* auf einen Exkurs über die baugeschichtliche Bedeutung der Zitadelle von Besançon verzichtet. Vermutlich war er auch retrospektiv ausschließlich mit der Darstellung des alltäglichen Über-Lebens in seinem neuen Gefängnis beschäftigt. Dabei saß er in einer Festung ein, die damals wie heute als architektonisches Meisterwerk gilt und seit 2008 zum Weltkulturerbe gehört. Aber nicht nur aufgrund ihrer Historie ist die Zitadelle ein touristischer Anziehungspunkt geworden.

Die über elf Hektar große Anlage auf dem Gipfel des Mont Saint-Étienne wurde Ende des 17. Jahrhunderts von dem berühmten Festungsarchitekten Sébastian Le Prestre de Vauban entworfen. Auftrag-

Weißbrot statt Nusstorte

Triumphbogen des römischen Kaisers Marc Aurel: Porte Noire in Besançon, 2020

geber war König Ludwig XIV., der Vaubans Baukunst schätzte, ihn 1678 zum Commissaire général des fortifications [Generalkommissar für den Festungsbau] ernannte und letztendlich die Umgestaltung bzw. den Neubau von über 160 Festungen finanzierte. An den königlichen Festungsbaumeister erinnert in der weitläufigen Anlage seit 2007 eine lebensgroße und bemüht dynamische Statue.

Dass jährlich bis zu 300.000 Besucher die Zitadelle aufsuchen, liegt an dem mutigen Mischkonzept der Stadt, die sie 1958 von der Armee erworben und entmilitarisiert hat. Der Besucher kann nicht nur die Festungsgebäude besichtigen, sondern auch drei Museen: das Musée comtois [Volkskundliches Museum der Franche-Comté], das Musée de la Résistance et de la Déportation [Museum des Widerstands und der Deportation] sowie das Muséum d'histoire naturelle [Naturhistorisches Museum] mit einem Zoologischen Garten, der mehr als sechzig Tierarten beherbergt. Die frei herumlaufenden Pfauen verleihen dem einmaligen Ensemble ein majestätisches i-Tüpfelchen. Vom Wehrgang genießt man einen atemberaubenden Panoramablick auf die Altstadt und die Schleife des Flusses Doubs, an den sich der Zitadellenberg schmiegt.

Fontane kam nicht in diesen Genuss.

Wall statt Zugbrücke: Eingang zur Zitadelle von Besançon, Front Saint-Étienne, 2020

Spurensuche in der Zitadelle

Gibt es in der Festung irgendetwas, das an Fontanes Kriegsgefangenschaft erinnert? Die Spurensuche gestaltet sich schwieriger als in der Mark Brandenburg. Eine postalische Anfrage wird nicht beantwortet und das Servicepersonal vor Ort begegnet uns mit freundlichem Achselzucken. Fontane? »Jamais entendu parler de!« [Noch nie gehört!] Dominiert wird die Aufarbeitung der Festungsgeschichte von der Besatzungszeit während des Zweiten Weltkrieges, in der die Deutschen dort hundert französische Widerstandskämpfer exekutierten. Der Deutsch-Französische Krieg spielt dagegen nur eine untergeordnete Rolle, obwohl es der preußischen Armee im Oktober 1870 nicht gelang, Besançon einzunehmen.[7] Die Besucher erfahren auch, dass die Festung schon immer als Gefängnis diente: für Königskritiker, Deserteure, Revolutionsgegner und Kriegsgefangene. In keinem der vielen Flyer und Führer taucht jedoch Fontane auf.

Als Orientierung für einen historischen Rundgang bleibt uns also nur Fontanes Beschreibung in *Kriegsgefangen*. Sie ist zwar kurz, aber

Blick auf den Zugang zum Herzen der Festung von Besançon, Königliche Front, 2020

hinsichtlich des Gebäudes, in dem er untergebracht war, präzise. Nach seiner Ankunft führte ihn *ein alter Sergeant an ein langgestrecktes Haus mit fünf Türen. Nachdem sie in die verschiedenen Türen hineinguckten, kehrten sie endlich zur ersten zurück, und der Sergeant* erklärte, dass er *hier zu wohnen haben werde.*[8] Existiert das Haus mit den fünf Türen noch?

Unter der gleißenden Mittagssonne passieren wir die »Zugbrücke«, die heutzutage nicht mehr als ein aufgeschütteter Wall ist, und erreichen das mit französischen Nationalflaggen geschmückte Torhaus: die Front Saint-Étienne, die den Hauptzugang zum äußeren Festungsring bildet. Mehr Eindruck machen die massiven Quermauern, die an beiden Seiten des Portals aus dem Bergfelsen zu wachsen scheinen. Als wir, vorbei an einem unsere Taschen kontrollierenden Militärpolizisten, in das Torhaus eintreten, ertönt hinter uns plötzlich die Sirene eines Krankenwagens, der kurz darauf über den Wall rauscht und mit einer scharfen Bremsung neben uns zum Stehen kommt. Vor uns erscheint wie aus dem Nichts eine elegante ältere Dame, die uns auf Französisch zu einem der Eingänge bittet. Als sie registriert, dass wir nicht die Sanitäter sind und aus Deutschland kommen, entschuldigt sie sich

Der Hof, in dem Fontane seine Runden drehte? Herz der Zitadelle von Besançon mit Garten, Kapelle und Kadettengebäude, 2020

und erklärt in perfektem Deutsch, dass jemand aus ihrer Delegation in Ohnmacht gefallen sei. Zu viel Hitze und zu wenig getrunken. Wir überlassen den Fachleuten das Feld und messen der Szene zunächst keine Bedeutung bei.

Am Servicepoint zahlen wir den Eintritt, kaufen einen Zitadellen-Führer, verlassen das Portal und treten in den Park Saint-Étienne, der eigentlich eine große Wiese ist und in dem die Statue des Zitadellen-Erbauers Vauban aufgestellt wurde. Uns verwundert, dass Fontane den »Park« nicht erwähnt hat. Auch nicht das zweite Portal, die Königliche Front, die wir nach circa zweihundert Metern erreichen und die den Zugang zum Herzen der Zitadelle, dem Festungskörper, ermöglicht. Immerhin überquert man hier keinen unspektakulären Wall, sondern eine steinerne Bogenbrücke. Die Flügel beiderseits des Portals gehen in massive Mauern über, die mit einer Breite von sechs und einer Höhe von zwanzig Metern protzen. Hinter dem Torhaus befindet sich ein Hof, der geradezu von einer Kapelle, zur Linken von einem kleinen terrassenförmig angelegten Garten – und zur Rechten von einem langen Gebäuderiegel begrenzt wird. Das *langgestreckte Haus*? Wir zählen die

Türen. Es sind genau fünf. Hinter der ersten, die Fontane zugewiesen wurde, befindet sich heute das Widerstandsmuseum.

Es stimmt noch ein weiteres Detail mit *Kriegsgefangen* überein: Fontane erwähnt auch eine *Art Terrasse*, welche *ein Allerheiligstes bildete*, das von den Gefangenen bei ihrem Morgenrundgang im Hof *nicht betreten werden durfte. Es war die »Gartenanlage« der Zitadelle, auf deren Beeten etwas Kerbel und Petersilie sowie an der Wand ein verkrüppelt aussehendes Strauchgewächs wuchs, das Tomatenäpfel [trug], die nicht reif werden wollten.*[9] Der einstige Nutzgarten hat als Ziergarten überlebt – mit verschiedenen Steingewächsen, die bei der Hitze dringend der Bewässerung bedurft hätten.

Madame Durand

Unserer Freude über die noch erhaltenen Spuren weicht schnell Ernüchterung. Fontane erwähnt bei der Beschreibung seines Hofrundgangs keine Kapelle. Er hätte sie aber nicht »übersehen« und deren kleine Glocke im Turm nicht überhören können. Auch die von ihm angegebenen Ausmaße des Hofes stimmen selbst nach mehrmaligem Abschreiten nicht mit der Wirklichkeit überein. Ziemlich ratlos lesen wir dann noch im Zitadellen-Führer, dass das langgestreckte Haus mit seinen fünf Türen früher das »Bâtiment des cadets« [Kadettengebäude] war – ein Gebäude, das sich in vier Teile gliederte: drei Unterkünfte für die Kadetten, eine Unterkunft für die Offiziere. Der »Pavillon des officiers« befand sich hinter der ersten Tür.[10] Undenkbar, dass man diesen Teil des Gebäudes für Kriegsgefangene nutzte. Überhaupt scheint es mehr als unwahrscheinlich, dass man Gefangene im Herzen der Festung untergebracht hat. Wo dann?

Wir laufen die gesamte Festung ab, bis die Sonne hinter den Mauern verschwindet. Und merken zu spät, dass die Besuchszeit inzwischen abgelaufen ist. Als wir Richtung Ausgang hetzen, sieht uns ein Pfau mitleidig hinterher. Die Front Saint-Étienne ist vergittert, der Servicepoint geschlossen und der Militärpolizist abgezogen. Erneut taucht wie aus dem Nichts die elegante ältere Dame auf. Sie lächelt vielsagend und fragt: »Haben Sie nicht gefunden, was Sie suchen?«

Gefängnisalltag in Besançon   57

Bevor wir antworten, stellt sie sich zunächst vor: Madame Durand lehrte bis vor ein paar Jahren als Germanistik-Professorin an der Universität Besançon und hat anlässlich des 150. Jahrestages des Deutsch-Französischen Krieges heute eine interdisziplinäre Delegation deutscher Wissenschaftler der Universität Greifswald auf die Festung begleitet. Und die Gelehrten mit einer Information überrascht, die sie auch uns nicht vorenthalten möchte. »Hier war vor 150 Jahren«, sagt sie und hebt die Stimme, »der preußische Schriftsteller Theodor Fontane inhaftiert.«

»Hier?«, fragen wir im Chor. »Ja, hier auf der Festung«, antwortet Madame Durand (die eigentlich anders heißt) und ist sichtlich erfreut, zwei deutschen Touristen, die einen halben Tag auf der Zitadelle zugebracht haben, zum Abschluss noch eine Neuigkeit präsentieren zu können. Wir erklären, warum wir hier sind, – und müssen alle drei lachen. Dann wollen wir wissen, ob Madame Durand das »hier« präzisieren könne. Sie kann es. Und wiederholt: »*Hier* war er inhaftiert.« Untergebracht waren die Kriegsgefangenen während des Deutsch-Französischen Krieges und des Ersten Weltkrieges im – vom Eingang aus gesehen – linken Flügel der Front Saint-Étienne, der für Besucher nicht zugänglich ist. Madame Durand verabschiedet uns mit einem Satz aus einem alten deutschen Hausbuch: »Meistens ist das Gesuchte näher, als man denkt.«

Und dennoch war unsere Suche nicht vergeblich. Denn zum Ende seiner Haftzeit in der Zitadelle von Besançon hat Fontane überraschend sein Quartier wechseln müssen.[11] Aber der Reihe nach – und zurück ins Jahr 1870.

Zitadellen-Alltag

In *Kriegsgefangen* beschreibt Fontane seine neue Behausung auch von innen: *Es war ein gewölbter Raum mit bedeutender Tiefe*, in dem *zwölf Pritschen* standen und *ein Dutzend Gefangener* untergebracht war. Deutsche und französische Gefangene – Soldaten wie Zivilisten. Unter ihnen ein *kleiner kratzbürstiger Kerl, nah an fünfzig*, der eingesperrt war, *weil er den Preußen eine Ladung Mehl verkauft hatte.*

Das Bettmachen. Das Abzählen. Um 6 Ruhe: Fontanes Einträge über den Zitadellen-Alltag in Besançon vor dem 23. Oktober 1870, Notizbuch D6

Gefängnisalltag in Besançon

Die *erste* an ihn gerichtete *Anfrage*, ob er sich *für die »Abendsuppe«* *einschreiben lassen wolle*, nahm Fontane zum Anlass, das vermeintliche Missverständnis endlich aufzuklären. Er ließ sich in das *Bureau des Vorstands* führen und erhob den Anspruch *auf ein Zimmer und selbständige Beköstigung*. Die Antwort fiel eindeutig aus: *In einem prison militaire existiere dergleichen nicht.* Daraufhin kehrte Fontane auf seinen *Bettplatz zurück, kreuzte die Hände überm Knie und starrte ins Blaue, soweit dies an diesem Orte möglich war.*[12] Spätestens jetzt dürften keine Zweifel mehr bestanden haben: Besançon war keine Etappe zurück in die Freiheit, sondern ein weiterer Abschnitt seiner Kriegsgefangenschaft, deren Ende nicht absehbar war.

Fontane schreibt in *Kriegsgefangen*, ihm sei in Besançon *sehr Hartes* zugemutet worden. Aber *es tut nicht gut, ja es schädigt einen geradezu, die ganze petite misère* [kleine Notlage] *auf den Tisch zu legen.* Zudem: *Misère weckt Mitleid, aber auch dégoût* [Überdruss]. Doch seine Leser erfahren sehr wohl, wie sehr er in der Festung gelitten hat. Wenn auch nur scheibchenweise mit einer – auch als Selbstschutz auferlegten – ironischen Distanz.

Bereits die weitgehend sachliche Schilderung des Gefängnisalltags lässt erahnen, unter welch katastrophalen Bedingungen Fontane während seines fast dreiwöchigen Aufenthalts in Besançon existierte. Um sechs Uhr wurden die Gefangenen durch das Rasseln des Schlüsselbundes geweckt. Nachdem der Sergeant die schwere Tür geöffnet hatte, begann das *Abzählen*, um festzustellen, *dass über Nacht nichts von der Herde verloren gegangen sei.* Fontane lebte am Ende mit zweiundzwanzig Personen in einem Raum, der normalerweise für höchstens zwölf bestimmt war. Gewaschen wurde sich auf dem Hof, abgetrocknet an den Bettlaken, *die von der Nacht her noch etwas Wärme konservierten.* Anschließend begann der *Morgenspaziergang* – in einem kleinen, *mit Flusskieseln bestreuten Hofe.* Fontane war es unerklärlich, wie es *für etwa achtzig Menschen möglich wurde, auf diesem Stückchen Hof spazieren zu gehen* – aber: *es geschah. Blauer Himmel* und *Morgenfrische* waren Balsam für seine Seele. Gestört wurde dieses *Behagen* nur *durch unliebsame Töne aus der Ferne.* Es waren die morgendlichen Erschießungen von verurteilten Gefangenen, die Fontane *wie ein physischer Schmerz* durch die Brust gingen.

Weißbrot statt Nusstorte

Zwischen acht und neun Uhr wurden Brot, Wasser und *eine leidlich gute Fleischbrühe, die einzig warme Mahlzeit*, ausgegeben. *Ein gutes Stück Fleisch in der Brühe war wie ein Gewinn in der Lotterie.* Nach der Suppe wurden die Gefangenen zwischen zehn und sechzehn Uhr in der Regel wieder eingeschlossen. In den Zellen beschäftigten sie sich mit Briefeschreiben oder Damespielen. Unterbrochen wurden diese endlosen Stunden, *wenn der Kommandant der Zitadelle* und der wachhabende Offizier *ihren Rundgang hielten, »Neue« eintrafen* oder Untersuchungshäftlinge *aus dem Verhör in der Stadt zurückkamen.* Dann wurde jede kleine Nachricht über den Verlauf des Krieges aufgeschnappt und besprochen. *Ob das Berichtete wahr war oder nicht, war der Mehrzahl völlig gleichgültig; es unterhielt doch.* Die »Abendsuppe« beendete die politische Diskussion – und den Tag. Wenn *die Blechlöffel wieder hinter dem Brett steckten, fiel der Vorhang. Die Nacht begann.*[13] Im Notizbuch, wo er weitere Details seines Alltags festgehalten hat, erwähnt Fontane noch ein anderes Abend-Ritual: die *Glocken der* [St.-Johannes-]*Cathedrale. Um 9* [war] *alles still.*[14]

Lästig und bedrücklich

Auf die Strapazen des Gefängnisalltags kommt Fontane erst wieder am Ende seines Besançon-Aufenthalts zurück. Hier wird er deutlich und nennt die Missstände beim Namen. Er stimmt aber kein allgemeines Klagelied an. Mehrfach hebt er hervor, wie *gleichgültig ihn der Wegfall des sogenannten Comfort berührte.* Er habe die Erfahrung gemacht, *dass sich bei einer dünnen Fleischbrühe, einem Glas Landwein und einigen Schnitten Weißbrot sehr wohl leben lasse.* Eigentlich *besser als bei Mayonnaisen und Nusstorte.* Gleichgültig *beobachtete* er sich *auch gegen gewisse Ansprüche und Feinfühligkeiten* des eigenen Ehrgefühls. *Das Durch-die-Straßen-Geschleppt-, das Angegafft- und Angestarrtwerden, das Geschrei und Gejohle des Pöbels, die zudringlichen Fragen, das Hutabziehen- und Geradestehenmüssen, das Abgezähltwerden bei erhobener Laterne* – all das war für Fontane *lästig, bedrücklich* und stellenweise *sehr unangenehm*; aber er konnte sich nicht entsinnen, *dies als ehrenrührig* empfunden zu haben. *Übergriffe, die sich der Machthaber erlaubt*, könnten die *Ehre des Machthabers* treffen, *nicht aber die eigene.*

Worunter Fontane wirklich litt, das war *der Wegfall der Sauberkeit und alles dessen, was zum geistigen Bedürfnis gehört.* Den Körper nicht richtig pflegen zu können, war ihm peinlich. Und diese *Empfindung, so* glaubte er, sei nicht *etwas künstlich Hinaufgeschraubtes.* Denn es sei *nicht Pflicht, nicht in Ordnung, sich gegen die Wasch- und Wasserfrage* gleichgültig zu stellen. Jedenfalls nicht für den modernen Menschen. Für ihn gehe mit dem *Gefühl des äußerlichen Unsauberseins mehr und mehr auch die Vorstellung einer gewissen innerlichen Unreinheit einher,* die ihm *allen Mut und alle Zuversicht raubt* und ihn *schließlich dahin bringt, im tiefsten Misstrauen gegen sich selbst, jedes Unbill als etwas Selbstverständliches und Wohlverdientes hinzunehmen.*

Mehr noch litt Fontane unter dem Mangel an intelligenten Gesprächen. Er beklagte, mangels *Berührung mit geistig Ebenbürtigem* nun *der Phrase, dem Geschwätz, der Trivialität* verfallen zu sein. Es bildete sich *eine unsagbare schreckliche Form geistigen Verkehrs* heraus, bei der er *zuletzt genau berechnen konnte: »jetzt kommt das«. Der Wiederkäuungsprozess erreichte Grade, dass man sich das Leben hätte wegwünschen mögen.*[15]

Der unbekannte Deutsch-Franzose

Wie sehr sich die erlittenen Strapazen auf die physische und psychische Konstitution Fontanes auswirkten, erfahren weder Emilie aus seinen Briefen noch die Leser in *Kriegsgefangen.* Dass es dennoch publik wurde, gehört zu den Zufällen des Lebens. Unter Fontanes Mitgefangenen, zu denen er *in Beziehung trat,* befand sich *ein Deutsch-Franzose,* mit dem er sich anfangs nicht recht anfreunden konnte. Einerseits hatte er *etwas Sonderbares, beinahe Unheimliches in seinem tiefliegenden Auge* und andererseits erinnerte ihn Fontane an *das Bild des »Schulmeisters« aus den »Geheimnissen von Paris«.* Dabei handelt es sich um eine Figur aus dem Fortsetzungsroman *Les mystères de Paris* von Eugène Sue, der in den 1840er Jahren zu den erfolgreichsten Romanciers Frankreichs gehörte. Der »Schulmeister« in Sues Erzählung ist ein aus dem Gefängnis entflohener Raubmörder; Fontanes *Deutsch-Franzose* ein Lehrer aus Lothringen und sechsfacher Familienvater, der, *wie so viele andere, denunziert und verhaftet worden* war, weil er *mit einem preußischen Offizier gesprochen hatte.* Als für ihn endlich *der ersehnte Tag der Freiheit* kam, bat er Fontane um das *Reisegeld,* weil er nicht wusste, wie er sonst nach Hause zurückkehren sollte. Als Fontane ihm das Geld *ohne weiteres* gab, traten dem Mann vor Dankbarkeit *die Tränen in die Augen.* Allerdings verhehlt Fontane nicht, der *eigentliche Gewinner* gewesen zu sein: Denn die *Kunde von dieser Großtat lief wie ein Feuer durch die ganze Zitadelle von Besançon* – Fontane war *auf einen Schlag »etabliert«, ungesucht* erhielt er *eine exzeptionelle Stellung.*[16] Was er aber verschweigt: Nicht nur er hatte *dem Manne einen Dienst geleistet und seine Dankbarkeit erworben,* sondern auch umgekehrt.

In *Kriegsgefangen* ist der *Deutsch-Franzose* einer von insgesamt sechs porträtierten und namenlos gebliebenen Mitgefangenen; tatsächlich fungierte er auch als Fontanes Bote. Charles Vinckel, der Lehrer aus dem lothringischen Garburg [frz. Garrebourg], berichtete Fontane später, wie es ihm nach seiner Freilassung am 14. Oktober ergangen war.[17] Als er »aus dem Kerker kam«, habe ihm Fontanes geliehenes »Etappengeld, welches zudem sehr wenig war«, immerhin geholfen, den ersten Teil der »furchtbare[n] Reise« zu machen. Nach circa einer Woche sei er im niederelsässischen Saverne [dt. Zabern] eingetroffen, wo er hoffte, beim Unterpräfekten »aus Dankbarkeit gegen Sie mein möglichstes zu thun für Ihre Befeiung«. Vinckel wurde jedoch »abgewiesen«. Mehr Glück hatte er am »anderen Tag« [19. Oktober]: Bei »Herrn Gie[s]e« in Lutzelbourg [dt. Lützelburg] und »Herrn Unterpräfekt Knebel« in Sarrebourg [dt. Saarburg] fand er zu seinem »größten Vergnügen gute Aufnahme«. Sie versprachen Vinckel, »sich auf das schleunigste« um Fontanes Freiheit zu bemühen.[18]

Der preußische Major Hermann von Giese, Kommandeur der Einschließungstruppen von Phalsbourg [dt. Pfalzburg], löste sein Versprechen umgehend ein, indem er am 20. Oktober in einem Brief an die »Familie Fontane« zusammenfasste, was er von Vinckel, der inzwischen »todmüde in seine Heimat wanderte«, gehört hatte. Die Nachrichten über Fontanes Lage klangen alarmierend. »So soll er sehr aufgeregt und auch wohl mit Recht besorgt über sein Schicksal sein, da dem wilden Ausbruch der Leidenschaft dieses ungeregelten Landes je nach Lage der Umstände immer das Schlimmste zuzutrauen ist.« Hinsichtlich des »körperlichen Befindens« habe Vinckel »nicht so recht« mit der Sprache herausrücken wollen; behauptete jedoch mehrmals, »wenn er [Fontane] keine bessere Luft bekäme, würde er es nicht lange überstehen«. Abschließend riet Giese, »das Interesse Sr. Majestät für den unglücklichen Schriftsteller zu erwecken, oder das des Grafen Bismarck – indem den Franzosen eine Auswechslung angeboten wird«.[19] Weder Vinckels Botendienst noch dessen dramatisches Urteil über Fontanes Zustand spielen in *Kriegsgefangen* eine Rolle. Das Lesepublikum wird stattdessen – wie in Fontanes Briefen an Emilie vor seiner Verhaftung – mit einem Exkurs über die Franzosen unterhalten.

Über die Franzosen II

Fontane nutzte seinen Aufenthalt in Besançon auch für eine Bilanz seiner *Eindrücke*, die er *in fast dreiwöchentlichem Zusammenleben mit französischen Soldaten und Zivilpersonen* über den *Charakter des Volkes* gesammelt hatte. Seine Einsichten unterscheiden sich deutlich von dem Frankreich-Bild am Beginn seiner Reise. Während er Anfang Oktober den Franzosen im Vergleich zu den Deutschen *Rückschritt*, ja *Verfall* attestierte und in der Landwirtschaft jegliche wissenschaftliche Innovation abgesprochen hatte[20], kam er nun – zehn Tage später – zu dem Schluss, dass der *Bildungsgrad* der Franzosen *mindestens [...] das Niveau des unsrigen* habe. Einige seiner Landsleute seien davon überzeugt, *dass jenseits der deutschen Grenze alles Lesen und Schreiben aufhöre, wie etwa zwanzigtausend Fuß hoch das Atmen aufhört.* Fontane fühlte sich jedoch in seiner Erfahrung bestätigt, *dass die Bewohner anderer Kulturländer, besonders der westlichen, nicht schlechter lesen, wohl aber erheblich besser schreiben können als die Menschen bei uns.* Namentlich auch in Frankreich.

Positive Eindrücke gewann Fontane auch bei seinen Charakterstudien. Komme in seinem Land *auf zehn oder sieben oder fünf Individuen immer ein unleidlicher Mensch*, habe er unter den *siebzig oder achtzig Gefangenen* in Besançon nicht *die geringste Unannehmlichkeit, geschweige Unart* erlebt. Im Gegenteil: Sie *waren verbindlich, rücksichtsvoll, zuvorkommend, dankbar für jeden kleinen Dienst, nie beleidigt durch Widerspruch, vor allem ohne Schabernack und ohne Neid.* Die Deutschen *könnten, nach dieser Seite hin, viel von ihnen lernen.*

Weißbrot statt Nusstorte

So *angenehm* Fontane seine *Mitgefangenen* fand, *so traurig war der Eindruck, den jeder Einzelne als Teil des Ganzen machte.* Zwar hätten die Franzosen eine *Herzensstellung* zu »*La France*« *und zur Ruhmesgeschichte ihres Landes,* aber sie hielten nichts von der Regierung, der Kirche und dem Gesetz; *alle drei waren nach ihrer Meinung nur da, um das Volk* zu drangsalieren und sich selbst *zu bereichern.* Fontane führt diese Haltung auf die Folgen der Französischen Revolution zurück. Nirgends habe er das *Furchtbare einer Revolution,* ob sie *nun berechtigt* gewesen sei oder nicht, *so lebendig empfunden wie hier.* Glücklich könne das Land sein, *sprach es still in* ihm, *das diesen Heimsuchungen noch nicht erlegen ist.*[21]

Eine besondere Beziehung entwickelte Fontane zum *liebenswürdigen Kommandanten der Zitadelle,* der sein *Freund und Fürsprecher* wurde und dem er *von Anfang an so viele Freundlichkeiten zu verdanken* hatte. Allerdings hatten diese Freundlichkeiten ihren Preis: Eine *Nachmittagskonversation, die nicht unter zwei Stunden, einmal aber volle vier Stunden dauerte,* löste jedes Mal einen *Zustand völliger Erschöpfung* aus. Aber er befand sich in einer Lage, in der ihm *das Wohlwollen eines Menschen, noch dazu eines Vorgesetzten, alles bedeuten musste.*[22] Fontane glaubte auf dessen Wohlwollen angewiesen zu sein, aber die Entscheidungen in seiner Causa fällte letztendlich Divisionsgeneral Promontville. Und der war offenbar nur schwer von Fontanes Unschuld zu überzeugen. Promontville habe »bis zuletzt auf ›todtschießen‹« bestanden.[23]

Am 18. Oktober, sechs Tage nach seiner Ankunft in Besançon, schrieb Fontane seiner Frau, er habe soeben *offiziell* erfahren, dass seine *Angelegenheit in einem Verhör geprüft werden müsse.* Es sei *sehr betrüblich,* dass es *nicht vor Ende dieser Woche oder zu Beginn der nächsten stattfinden werde.*[24] Offenbar ohne Ergebnis, denn es folgten weitere Abberufungen zum Verhör, wie er im Notizbuch, nicht jedoch in *Kriegsgefangen* erwähnt.[25] Fontane musste weiter in der Zitadelle ausharren. Fast flehte er, seine Frau möge ihm *ein paar Zeilen* schreiben, *aber sanft und ruhig, nicht aufgeregt.*[26] Wie sollte sie? Emilie wusste zu diesem Zeitpunkt ja nicht einmal, dass ihr Mann verhaftet worden war.

ES IST EIN UNGLÜCK PASSIERT
Auf der Suche nach dem
»verlorenen Freund«

Zentrale Rettungsstelle

Dass etwas nicht stimmte, befürchtete Emilie Fontane spätestens Mitte Oktober. Der letzte Brief, den sie erhalten hatte, stammte vom 4. Oktober aus Toul.[1] In Sorge um ihren Mann wandte sie sich an Bernhard von Lepel, der die Angelegenheit am 15. Oktober im *Rütli* zur Sprache brachte.[2] Hier berieten die Freunde, wie »Nöhl«, so Fontanes Spitzname, geholfen werden könnte. In den nächsten Tagen und Wochen wurden vielfältige Aktivitäten entwickelt, die vor allem von drei Personengruppen ausgingen: Friedrich Eggers und August von Heyden überlegten, auf eigene Faust in Frankreich nach Fontane zu suchen, Bernhard von Lepel beschritt den administrativen Weg über die Ministerien und Moritz Lazarus nutzte sein internationales Netzwerk. Der *Rütli* wurde zur zentralen Rettungsstelle für den verschollenen Nöhl.

Als Erstes wurde diskutiert, ob Friedrich Eggers mit einem Lazarettzug ins Kriegsgebiet fahren sollte, um »zu sehen, was aus ihm [Fontane] geworden« sei. Eggers hatte zuvor berichtet, dass er gefragt worden sei, einen Zug zu begleiten, der in der nächsten Woche »nach Metz u[nd] Paris gehen sollte«, um Verwundete zurück nach Preußen zu transportieren. Aber er zögerte, weil er »sehr unpraktisch dazu« sei.[3] Friedrich Eggers, Professor für Kunstgeschichte an der Königlichen Akademie der Künste in Berlin, gehörte wie Fontane und Lepel zu den Gründungsmitgliedern des *Rütli*. Fontane, der Eggers bereits einige Freundschaftsdienste verdankte, schätzte dessen »humane Haltung« und liebenswürdigen Charakter, nicht jedoch dessen Dichtung, die nie über Dilettantismus hinausgekommen sei.[4]

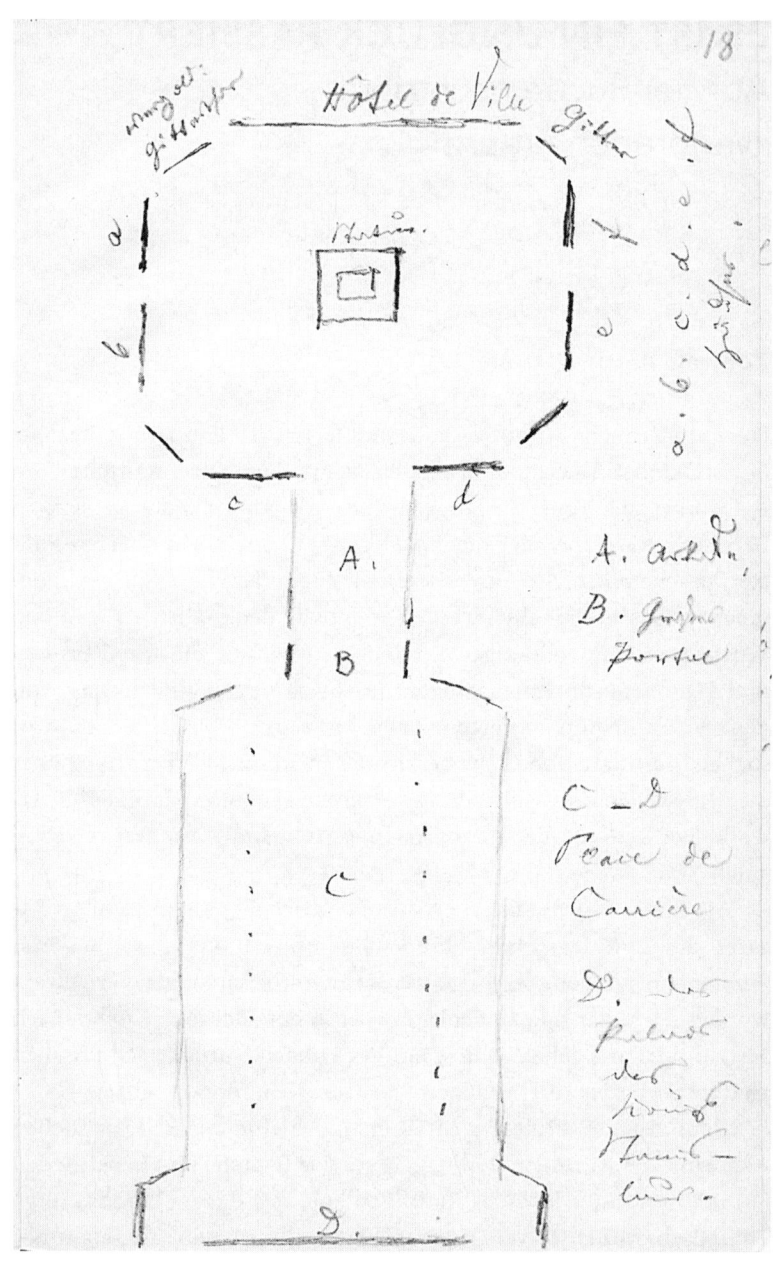

Zwischenstation in Nancy: Fontanes Skizze von der Place Stanislas vom
2. Oktober 1870, Notizbuch D6

Es ist ein Unglück passiert

Wenige Tage später überwand Eggers seine Bedenken und entschied sich für eine Reise nach Frankreich. Den entscheidenden Ausschlag gab offenbar »Frau Fontane«, die bei ihrem Besuch am 17. Oktober ihre »gewaltsam zurückgedrängt[e]« Beherrschung verlor und
»plötzlich in Thränen aus[brach]«.⁵ Tags darauf »kundschaftete« Eggers
»nach anderen Zügen« ins Kriegsgebiet. Außerdem telegrafierte er zum
einen an die Felddiakonie »nach Méaux, wohin er [Fontane] seine Briefe nachbestellt hatte«⁶, als er sich in Toul aufhielt⁷, und zum anderen
»an Lüd[e]cke, daß er nach Toul fahren sollte«⁸, um Fontane zu suchen.
Johann Carl Lüdecke, Architekt und Freund Eggers', hielt sich als Felddiakon beim Mecklenburgischen Füsilier-Regiment Nr. 90 in der Nähe
von Paris auf und begann umgehend mit seiner Recherche vor Ort. Erst
kurz zuvor waren sich Lüdecke und Fontane in Nancy begegnet. Als
Fontane dann am 3. Oktober von Nancy nach Toul aufbrach, notierte
er in seinem Notizbuch: *Abschied von der Academie des Sciences, wo ich bei
Herrn Lüdeke und seinen Freunden campirt hatte.*⁹

Parallel zu Eggers' Engagement sprachen Lepel und Heyden am
18. Oktober im Kriegsministerium vor. Dort wollte man »sich zu einem allg[emeinen] Allarm-Schlagen noch nicht entscheiden« und führte »100 Beispiele von verspäteten Briefen an«.¹⁰ Fontanes Freunde aber
ließen sich in ihren Aktivitäten nicht mehr bremsen. Und die Nachrichten, die an den kommenden Tagen in dichter Folge eintrafen, bestärk-
ten sie darin.

Am 19. Oktober wurde Eggers von seinem Freund, dem Sanitätsrat
Adolf Klaatsch, aufgefordert, ihn am nächsten Tag in einem Lazarettzug nach Rémilly zu begleiten. Im *Rütli* war man sich einig, dass »dies
zu einer Nachforschung« über den »verlorenen Freund« genutzt werden
sollte. Eggers wurde umgehend von Moritz Lazarus mit Geld und von
Julius Gustav Klotz, der seit Sommer 1870 als stellvertretender Kriegsminister amtierte, mit einem ihn »allen Civil und Militärbehörden zu
kräftigsten Schutz u. Hülfe empfehlenden Schreiben« ausgestattet.¹¹

Nachricht aus Nancy

Bevor Eggers am 20. Oktober nach Frankreich aufgebrochen war, »weckte« ihn um »¼ 4 Uhr« ein Telegramm von Lüdecke aus Nancy, »welches allerdings sehr hoffnungslos lautete«.[12] Das Telegramm ist zwar nicht überliefert[13], der brisante Inhalt wird jedoch in einem offiziellen Schreiben von Lepel aufgegriffen: Demnach hatte Lüdecke in Erfahrung gebracht, dass Fontane von seinem Ausflug nach Domrémy »überhaupt nicht nach Toul zurückgekehrt ist«. Er vermutete, dass Fontane »in die Hände von feindlichen irregulären Truppen gefallen« sei. Dafür spräche der Umstand, »dass die Effekten [das Gepäck] des Herrn Fontane«, die er im Hotel in Toul zurückgelassen hatte, »dort noch befindlich sind«.[14]

Lüdecke sandte am 20. Oktober nicht nur ein Telegramm, sondern einige Stunden später – nach einem zweiten Besuch in Toul – auch einen Brief an Eggers, in dem er zum einen mitteilte, Fontanes Gepäck »ausgelöst und mit hierher [nach Nancy] gebracht« zu haben, und zum anderen ausführlicher über seine Erkundigungen berichten konnte.[15] Der Brief ist überliefert; er traf am 24. Oktober in Berlin ein.[16] Offenbar stützte sich Lüdeckes Bericht auf die Untersuchung des Touler Polizeikommissars Bruant, der zwei Verhöre durchgeführt hatte: mit Madame Grosjean, von der Fontane den Wagen für seinen Ausflug nach Domrémy gemietet hatte, und mit Pierre Bruant [nicht verwandt mit dem Polizeikommissar], dem Wagen und Pferd vor »ungefähr zehn Tagen« [also vermutlich am 10. Oktober] von einer ihm »unbekannte[n] Person« vor den Toren Touls übergeben worden waren.[17]

Weil die Geschichte »ja sehr märchenhaft« klinge, schrieb Lüdecke an Eggers, habe er dem stellvertretenden Bürgermeister »die Hölle sehr heiß gemacht«. Dieser müsse die Identität der Person »entschieden feststellen, daraufhin lassen sich dann weitere Schritte tun«. Allerdings könnten Nachforschungen »an Ort und Stelle nur unter großer Militärbedeckung gemacht werden; das Terrain [...] sei sehr gefährlich«. Seine Vermutungen über Fontanes Schicksal vermerkte Lüdecke auf einem Extra-Zettel, der dem Brief beigelegt war: »Im Vertrauen zu Ihnen, bereiten Sie Frau Fontane allgemach auf ein Unglück vor.« Bedrohlich wirkten seine Ausführungen über den »Pöbel«, der »bei hellem Tage

Es ist ein Unglück passiert

in Rotten zu Hunderten die Häuser der Wohlhabenden« überfalle und »sogar bis vor Toul [heran]schwärme«. Nach seinem Gefühl sei »ein Unglück passiert«.[18]

Nachdem Lüdeckes Telegramm in Berlin eingetroffen war, konferierte Eggers umgehend »mit den Rütlifreunden«. Man entschied, Heyden »wahrscheinlich mit einem Anderen« direkt nach Nancy sowie Eggers, wie schon beschlossen, mit dem Lazarettzug nach Rémilly zu entsenden.[19] Während Heyden und Eggers ins Kriegsgebiet reisten[20], intensivierte Lepel den administrativen Kanal, indem er am 20. Oktober – nun offiziell und schriftlich – ein Gesuch an das Kriegsministerium stellte. Darin protokollierte er die bekannten Fakten von Fontanes Abreise »zu militärisch-wissenschaftlichen Zwecken nach Frankreich« bis zu seiner ausgebliebenen Rückkehr nach Toul, wobei er sich direkt auf Lüdeckes Telegramm bezog. Im zweiten Teil bat er »im Namen der Familie des Herrn Fontane sowie eines sehr ausgebreiteten Freundeskreises [...] die betreffenden Militär- und Zivilbehörden zu möglichst baldigen Recherchen nach dem Verbleib des Genannten« und gegebenenfalls Hilfeleistungen zu veranlassen.[21]

Während also Fontane in Besançon auf die Entscheidung des Kriegsgerichts wartete, hatten Familie und Freunde am 20. Oktober 1870 lediglich Kenntnis darüber, dass er Anfang Oktober nicht nach Toul zurückgekehrt war und seitdem als verschollen galt. Wie verzweifelt Emilie gewesen sein muss, beschreibt Henriette von Merckel, die – aus ihrer Sommerfrische nach Berlin zurückgekehrt – ihre Freundin im Bett vorfand. Emilies »Kräfte waren erschöpft, nur die Aufregung erhielt sie noch; sie sagte: ›Wenn ich nur wüßte, ob er noch lebt!‹«[22]

Endlich: ein Lebenszeichen

Die Fontane-Forschung geht davon aus, dass Emilie am 24. Oktober »auf abenteuerlichem Wege ein Lebenszeichen ihres Mannes erhalten« hat[23] – und bezieht sich dabei auf einen Brief von Elise Fontane, in dem diese am 25. Oktober im Auftrag ihrer »recht leidenden Schwägerin [Emilie]« den Verleger Rudolf von Decker über die »Zeilen meines Bruders« informierte, »die gestern Mittag« – also am 24. Oktober –

»zeitgleich mit einem Briefe des Herrn v. Giese« eingetroffen seien.[24] Während sich der Giese-Brief zweifelsfrei zuordnen lässt – es ist das Schreiben vom 20. Oktober, in dem der Major die Familie Fontane über den Bericht des Mitgefangenen Vinckel aus Besançon unterrichtet –, bleibt die Datierung der Fontane-Zeilen offen, weil Elise nicht schreibt, um welchen Brief es sich handelt.

Das verrät ein – bisher in der Fontane-Rezeption nicht berücksichtigtes – Schreiben Emilies vom 24. Oktober, in dem sie ihrem Mann mitteilt, am Tag zuvor, also schon am 23. Oktober, seinen »Brief vom 14.–16. Oktober erhalten« zu haben.[25] Darin hatte Fontane ihr auch tröstende Worte gespendet: *Sei nicht zu traurig. Alles, was geschieht, ist Gottes Wille. Hoffe auf die Zukunft hinter den Wolken der Gegenwart.*[26] Er ahnte, was sie ihm nun bestätigte: In welcher »Verzweiflung« sie war, weil sie »seit dem letzten [Brief] (am vierten [Oktober] aus Toul) weiter keine Nachricht« bekommen hatte. Wie erleichtert Emilie jetzt war, beweist ihr Ausruf: »Gott sei Dank, dass Du nur lebst!«[27]

Aber wann genau traf nun ein erstes Lebenszeichen Fontanes in Berlin ein: am 23. Oktober, wie es aus Emilies Brief hervorgeht, oder am 24. Oktober, wie es sich aus Elises Brief schließen lässt? Beide Schreiben sind keine sichere Quelle, weil einerseits deren exakte Datierung unsicher ist[28] und andererseits weitere Briefe überliefert sind, die eine genaue Antwort auf die Frage ermöglichen. So geht sowohl aus einem Schreiben Emilies an Kletke[29] als auch aus einem Brief Elsy von Wangenheims an Fontane[30] hervor, dass die Nachrichten von Giese und Fontane bereits am 22. Oktober, also zwei Tage früher als bisher angenommen, in Berlin eingetroffen sind. Auch die Freundin Marie von Wangenheim, die »Frau Fontane« in dieser Zeit »fast täglich« sah, berichtet, dass Emilie, die »unaussprechlich gelitten« habe, am 22. Oktober »mit dem Aufruf [›]Er ist gefangen![‹] in mein Zimmer trat«.[31]

Für dieses Datum sprechen auch erneute Bemühungen der Freunde, die noch am selben Tag einsetzten. Lepel benachrichtigte zunächst die »Kgl. Kommandantur in Toul« und stellte dann ein zweites Gesuch an das preußische Kriegsministerium, um den Druck zu erhöhen. Darin bezieht er sich auf eine »von der Gattin des Herrn Fontane mir heute zugegangene Mitteilung«, dass Fontane sich »als Gefangener in Besançon befindet«. Das Kriegsministerium bat er nunmehr, »die ge-

Es ist ein Unglück passiert

eigneten Schritte zur Bewerkstelligung der Freilassung« Fontanes, der »keine Militärperson« sei, zu veranlassen.[32]

Noch mehr Helfer

Darüber hinaus wurden nach dem 22. Oktober zwei weitere Personen-kreise zur Rettung Fontanes aktiv. Zunächst die Familie Wangenheim, die ihr Netzwerk in der katholischen Kirche mobilisierte. Fontane fühlte sich dem Ehepaar Wangenheim, dem preußischen Geheimen Oberregierungsrat Hermann Freiherr von Wangenheim und seiner Frau Marie von Wangenheim sowie deren Zwillingstöchtern Elsy und Ida, die er unterrichtet hatte, durch eine jahrzehntelange Freundschaft verbunden.[33] Vor allem die Wangenheim-Frauen setzen Himmel und Heiden[34] in Bewegung, um Fontane zu helfen. Elsy von Wangenheim »schreibt sofort einen charmanten Brief an den Oberkommandeur [in Besançon], von dem sie nicht einmal den Namen weiß«. Ihre Schwester Ida »kaut an ihrer Feder herum […] und meditiert über einen Brief an den Dichter selbst«. Dieser sei »zwar Protestant, aber man liebt ihn so sehr, dass sogar die katholische Kirche zu seiner Hilfe herbeieilt mit einem Telegramm an den Kardinal Mathieu [in Besançon]«.[35] Initiiert hatte dieses Telegramm Marie von Wangenheim, die sich aufgrund der unterbrochenen Nachrichtenwege nicht direkt an den ihr bekannten Kardinal wandte, sondern an die mit ihr befreundete Familie von Mur-alt in Zürich. Aber um welchen Muralt handelte es sich? Da in den überlieferten Quellen zu Fontanes Kriegsgefangenschaft der Name falsch geschrieben wird [»Dr. v. Murad«[36]] und im Familienarchiv der Muralts kein Hinweis auf eine Verbindung zu den Wangenheims oder zu Kardinal Mathieu existiert, lässt sich nicht definitiv ermitteln, wer konkret gemeint ist. Infrage kommt Leonhard von Muralt, dem Fon-tane vermutlich bei den Wangenheims in Berlin begegnet ist.[37] Für ihn sprechen zwei Indizien: Der Arzt [»Dr.«] Leonhard von Muralt wur-de in Preußen an der Universität Göttingen promoviert und war als Präsident der Muralt'schen Familienstiftung international bestens ver-netzt.[38] Nicht überliefert ist die Korrespondenz zwischen den Muralts und den Wangenheims, aber in einem späteren Brief berichtet Marie von Wangenheim Fontane, dass ihre Gesuche am 22. Oktober nach Zürich abgegangen seien.[39]

Aktiv wurde auch Fontanes Verleger Rudolf von Decker. Er kontaktierte Generalleutnant Karl Wilhelm von Werder[40], der im preußisch-österreichischen Krieg von 1866 zum Divisionskommandeur aufgestiegen war und im Krieg von 1870/71 zunächst das Kommando über die deutschen Belagerungstruppen von Straßburg hatte. Nach dem Fall von Straßburg am 27. September wurde Werder zum General der Infanterie ernannt und übernahm ein neu gebildetes Armeekorps, mit dem er in den Vogesen ein rasch zusammengestelltes französisches Korps zerschlug und dessen Reste über den Ognon, einem Fluss im Osten Frankreichs, abdrängte.[41] Am 22./23. Oktober 1870 kam es bei Châtillon, acht Kilometer von Besançon entfernt, zu einem Gefecht, wobei es den deutschen Truppen nicht gelang, die Festung von Besançon, in der Fontane inhaftiert war und gerade auf sein Kriegsgerichtsurteil wartete, einzunehmen.[42]

Es ist sicher kein Zufall, dass Fontane in *Kriegsgefangen* ausgerechnet dieses Gefecht erwähnt. Nirgends geriet der Kriegsjournalist Fontane näher an die Kampfhandlungen des Deutsch-Französischen Krieges als hier in Besançon. Die Gefangenen *hörten deutlich den Donner der Kanonen, und von dem Tisch* ihres Gefängnisses, der ihnen gestattete, *durch die obersten Scheiben hindurch, über die Festungsmauer fortzusehen,* folgten sie *den einzelnen Bewegungen nachrückender französischer Bataillone* und *den Lichtstreifen fliegender Granaten.* Am Abend wurden fünf deutsche Kriegsgefangene in die Zitadelle eingeliefert.[43] Was passiert wäre, wenn Werders Truppen Besançon am 23. Oktober eingenommen hätten, gehört in das weite Feld der Spekulationen. Ungeachtet dessen konnte dem General zu diesem Zeitpunkt der Fall Fontane noch nicht bekannt sein. Dass Werder sich später für ihn einsetzte und im deutschen »Generalquartier« anbot, »ihn gegen einen gefangenen französischen Oberst auszuwechseln«, ist dagegen belegt.[44]

Am 23. Oktober erfuhr auch Eggers, der inzwischen in Frankreich angelangt und in Nancy Lüdecke begegnet war, »daß Nöhl gefangen auf der Citadelle in Besançon sitze«. Nachdem auch Heyden – aus Toul kommend – in Nancy eintraf, »wurde noch ein Telegramm für Berlin verfaßt«, da es Eggers »wichtig schien, das Nähere genauer zu wissen

Es ist ein Unglück passiert

und eine bessere Operationsbasis zu haben«.[45] In der Tat waren Emilie und die *Rütli*-Freunde nun mit genügend Informationen ausgestattet, um ihre Operationsbasis zu erweitern. In Aktion trat jetzt ein Mann, der über ein Netzwerk verfügte, das über die Grenzen Preußens hinausreichte: Moritz Lazarus.

Der Kosmopolit

Von Lazarus' Verbindungen versprach sich Fontane viel. Neben seiner Frau war er der Erste, den Fontane einen Tag nach der Festnahme über seine Gefangenschaft informierte – weil er wusste, dass Lazarus mit dem französischen Justizminister Adolphe Crémieux befreundet war.[46] Ein unschätzbarer Kontakt. Moritz Lazarus, Mitbegründer der Völkerpsychologie und seit 1867 Dozent für Philosophie an der Preußischen Kriegsakademie in Berlin, hatte Fontane im *Rütli*, dem er seit 1856 angehörte, kennengelernt. Obwohl er dort von Anfang an in die Rettungsbemühungen eingebunden war und Eggers' Reise nach Frankreich finanzierte, wurde Lazarus verhältnismäßig spät aktiv. Vermutlich wollte er zunächst verschiedene Möglichkeiten ausloten. Weil die Telegrafenverbindungen zwischen Preußen und Frankreich aufgrund des Krieges unterbrochen waren, kontaktierte Lazarus den schweizerischen Gesandten in Preußen, Oberst Hammer, der bereit war, sein Anliegen direkt an den Schweizer Bundespräsidenten Jakob Dubs weiterzuleiten.[47] Lazarus schienen die Schweiz, die sich zu Beginn des Deutsch-Französischen Krieges für neutral erklärt hatte, und ihr Bundespräsident, den er persönlich kannte, geeignet, sich auf höchster diplomatischer Ebene für die Freilassung Fontanes einzusetzen.

Jakob Dubs, neben seiner Funktion als Bundespräsident auch Mitbegründer und Präsident des Schweizerischen Roten Kreuzes, war Lazarus aus seiner Tätigkeit an der Universität Bern bekannt.[48] In einem Gesuch vom 23. Oktober informierte Lazarus den Präsidenten über die Kriegsgefangenschaft seines Freundes und versicherte »mit gutem Gewissen und auf Ehrenwort«, dass Fontane – »als lyrischer Dichter vorzugsweise durch seine Schottischen Balladen bekannt« – ein »guter und edler Mensch« sei und auf seiner Frankreich-Reise »lediglich litera-

Kosmopolit mit guten Kontakten:
Moritz Lazarus, um 1865

rische Zwecke« verfolgt habe. Er appellierte an Dubs, seinen Einfluss
auf die französische Regierung und den französischen Gesandten in
der Schweiz geltend zu machen, »dass Herr Fontane freigegeben« oder
»gegen andere gleichartige Gefangene ausgetauscht« werde. Außerdem
bat Lazarus, der Schweizer Bundespräsident möge ein Telegramm an
Fontane richten, um zum einen »dem armen Mann einen moralischen
Trost zu seiner Kräftigung« zu geben und zum anderen dem Kommandanten von Besançon, durch dessen Hände das Telegramm gehe, zu
zeigen, wie und wer sich für Fontane einsetze.

Darüber hinaus nutzte Lazarus seine Verbindung zu Dubs für einen weiteren Kommunikationsweg, der in der Forschung bisher als
entscheidend für Fontanes Rettung gilt. Da er das Glück habe, schrieb
Lazarus an Dubs, mit »Herrn Crémieux persönlich bekannt und [mit
diesem] befreundet zu sein«, werde er auch an ihn ein Gesuch richten,
das er dem Bundespräsidenten »morgen senden« werde, damit dieser es
»so eilig wie möglich« weiterleiten möge.[49]

Verbunden war Lazarus mit Adolphe Crémieux, der erst seit gut
einem Monat das Amt des französischen Justizministers ausübte, über
die Alliance Israélite Universelle, die 1860 in Paris als internationale
jüdische Organisation zur weltweiten Unterstützung von Verfolgten

Es ist ein Unglück passiert

und zum Kampf um rechtliche Gleichstellung gegründet worden war. Crémieux, seit 1863 Präsident der Alliance, hatte 1869 in Berlin einen Kongress des Verbandes organisiert – zusammen mit Lazarus, der ihn »gastlich in seinem Hause aufgenommen« hatte.[50] Crémieux und Dubs wiederum kannten sich, weil sie als Präsidenten der beiden Hilfsorganisationen – Alliance und Schweizerisches Rotes Kreuz – miteinander kooperierten.

In seinem Gesuch an Crémieux beschwor Lazarus den Justizminister, »[n]icht bloß bei der Freundschaft«, die sie verbinde, »sondern bei den Ideen der Humanität« seinen »mächtigen Einfluss geltend zu machen für einen reinen, edlen, nur wissenschaftlichen Zwecken dienenden Mann, wie Herr Fontane ist«. Dringend bat er Crémieux darum, erstens anzuordnen, Fontane freizugeben, oder zweitens ihn »bei nächster Gelegenheit gegen andere Gefangene gleicher Art« auszutauschen und drittens angesichts »seiner sehr zarten Gesundheit so schnell wie möglich die Order nach Besançon zu geben, dass er jedenfalls bis zum Ausgang seiner Sache und zu seiner unzweifelhaften Befreiung rücksichtsvoll behandelt« werde.[51]

Mit Lazarus' Gesuchen an den Schweizer Bundespräsidenten und den französischen Justizminister hatten die *Rütli*-Freunde nun alles in Bewegung gesetzt, was ihnen für die Rettung Fontanes erforderlich schien. Damit waren genau die Netzwerke aktiviert, die Fontane in seinem ersten Brief an Emilie unmittelbar nach seiner Festnahme angesprochen hatte. Zehn Tage später, als noch niemand in Berlin von der Kriegsgefangenschaft wusste, ging Fontane längst davon aus, *daß Prof. Lazarus (über Herrn Crémieux), Frau v. Wangenheim (über kirchliche Instanzen) und die Gesandten alles, was möglich ist, zu meinen Gunsten unternommen haben.*[51] Es war jetzt nur die Frage, welche Bemühungen zum Erfolg führten.

BÖSE UND GUTE NACHRICHTEN
Entscheidungen in Besançon

Freispruch zweiter Klasse

Während in Berlin die Rettungsaktivitäten auf Hochtouren liefen, fiel in Besançon die erste Entscheidung über Fontanes weiteres Schicksal. Das Divisions-Kriegsgericht sprach ihn vom Vorwurf der Spionage frei. Seine *Freisprechung* bedeutete jedoch keine *Freilassung*. Der *General* [Promontville] sei der *Ansicht*, berichtet Fontane in *Kriegsgefangen*, er müsse in Frankreich verbleiben. Aus seinem *Notizbuche*, seinen *Papieren* und seinen *eigenen Angaben* gehe hervor, dass er nicht *nur mit vielen preußischen Offizieren bekannt* sei, sondern auch »militärische Augen« habe, denen *die Zustände und Vorgänge im Lande, die Befestigungen und Truppenbewegungen nicht entgangen sein würden.*

Die Entscheidung habe ihn *zunächst sehr hart* getroffen, bekennt Fontane. Seine bis *dahin immer noch gehegte Hoffnung*, er könne nach Preußen zurückkehren, musste er *zu Grabe tragen.*[1] Obwohl ihm bewusst war, dass seine *Angelegenheit* [...] *lange geschwankt* habe[2], war er maßlos enttäuscht. Fontanes Frustration ist mit seiner Überzeugung zu erklären, das Kriegsgericht komme gar nicht umhin, ihn freizusprechen – und freizulassen. Weil er ja kein preußischer Spion war, würde sich seine *völlige Unschuld*, davon ging er immer aus, *bald erweisen.*[3] Und wenn seine Unschuld erwiesen sei, werde man ihn auch in die Heimat ausreisen lassen. Die Militärgerichtsbarkeit sah das anders. Für die französische Armeeführung stellte der Kriegsjournalist ein Sicherheitsrisiko dar und konnte daher nicht aus der Gefangenschaft entlassen werden. Das Urteil entpuppte sich als ein Freispruch zweiter Klasse.

Dass das Gericht ihn auch für schuldig hätte erklären können, war für Fontane offenbar ausgeschlossen. Anders ist nicht nachzuvollziehen, dass er weder in *Kriegsgefangen* noch in seinen ersten Briefen nach dem 26. Oktober reflektiert, welcher Gefahr er bis zum Gerichtsbeschluss ausgesetzt war. Ein Schuldspruch »hätte die Todesstrafe zur Folge gehabt«.[4] Diese Erkenntnis kam später. Ende November räumte Fontane in einem Brief an Emilie ein, erst jetzt wisse er *bestimmt*, dass er »*dicht davor war*«.[5] Auch die *Vossische Zeitung* berichtete im Dezember 1870, dass der Divisionsgeneral Promontville »bis zuletzt auf ›todtschießen‹« bestanden hätte.[6] Deutlicher wird Fontane ein Jahr später. Es sei ihm *wieder klar geworden*, dass sein *Leben auch während seiner Besançon-Wochen noch arg gefährdet war*. Er habe *in jenen Tagen selbst in der glücklichen Verblendung* gelebt, dass *das Schlimmste* hinter ihm liege. Nun wisse er, *daß es umgekehrt war und daß die Fährlichkeiten* [...] *erst in Wahrheit begannen*.[7]

Das Kriegsgerichtsurteil

Bemerkenswert ist in diesem Kontext, dass das Kriegsgerichtsurteil – eine entscheidende Zäsur während der Gefangenschaft Fontanes – in der Forschung wenig Beachtung findet. Was vor allem der unübersichtlichen Quellenlage geschuldet ist. Das betrifft sowohl das konkrete Datum als auch die genauen Hintergründe des Urteils. Im Fokus der Untersuchungen stand bisher Fontanes Freilassung Ende November 1870, in die auch Bismarck involviert war. Voraussetzung für die Freilassung war jedoch, dass er vom Verdacht der Spionage freigesprochen wurde. Und das geschah in Besançon.

Weil das Urteil nicht überliefert ist, übte sich die Forschung in Zurückhaltung, wenn es um die Frage geht, wann genau das Kriegsgericht ihn freisprach. Entweder es wird kein Datum genannt[8] oder der 23. Oktober angegeben.[9] Oder es wird Fontane gefolgt, der in *Kriegsgefangen* berichtet, der *Zitadell-Kommandant* habe ihm am *fünfzehnten Tage* seiner Gefangenschaft in Besançon, also am 26. Oktober, mitgeteilt, *dass sich das Kriegsgericht inzwischen von der Wahrheit* seiner *Aussagen* und damit von seiner *vollständigen Unschuld* überzeugt habe.[10] Aber wurde der Gerichtsbeschluss auch am 26. Oktober getroffen? Das verwendete Wort *inzwischen* lässt den Schluss zu, dass der Tag, an dem das Urteil gefällt

Böse und gute Nachrichten

wurde, nicht mit dem Tag, an dem Fontane das Urteil mitgeteilt wurde, übereinstimmen muss.

Tatsächlich fiel die Gerichtsentscheidung schon früher – und auch Fontane wurde sie früher verkündet, als er in *Kriegsgefangen* erzählt. Bereits am 24. Oktober berichtete er seiner Frau, das *Kriegsgericht* habe ihn *von dem Verdacht der Spionage freigesprochen.* Außerdem sei ihm mitgeteilt worden, dass es *der General für nöthig angesehn* habe, ihn *für die Dauer des Krieges im Land zu behalten,* denn Fontane kenne *viele Militairs* und habe *so zu sagen militairische Augen.* Er werde *morgen oder in den nächsten Tagen nach Roche-sur-Yon in der Vendée* [im Westen Frankreichs] *abgeführt.*[11]

Darüber hinaus ist ein Schreiben überliefert, das auf einen anderen Tag der Entscheidung hinweist. So informierte Fontane seinen Verleger Rudolf von Decker am 26. Oktober, das Kriegsgericht habe ihn *[v]or drei Tagen völlig frei gesprochen*[12] – also am 23. Oktober. Allerdings ist es unwahrscheinlich, dass das Kriegsgericht an diesem Tag zusammentrat. Am 23. Oktober fand in der Nähe von Besançon das Gefecht zwischen französischen und deutschen Truppen unter dem Kommando des Generals von Werder statt, das Fontane auch in *Kriegsgefangen* beschreibt.[13] Wenn Fontane seinen Brief an Decker erst am Abend aufgesetzt hat, könnte er den 26. Oktober als vollen Tag mitgerechnet haben – und man käme (wieder) auf den 24. Oktober.

Wie auch immer: Ob das Kriegsgericht am 23. oder 24. Oktober entschied – eine Beeinflussung, die auf die Aktivitäten der *Rütli*-Freunde zurückzuführen wäre, ist nicht nachweisbar. Auch nicht die Behauptung, die Verbindung von Lazarus zum Schweizer Bundespräsidenten Dubs und zum französischen Justizminister Crémieux habe Fontane vor der Hinrichtung bewahrt.[14] Erst am 28. Oktober erhielt Lazarus – »infolge einer Störung in Stuttgart per Post« – eine Depesche, in der Dubs ihm mitteilte, das erbetene »Telegramm an Fontane abgesandt« zu haben und das Schreiben an Crémieux mit einer Empfehlung weiterleiten zu wollen.[15] Dass das Telegramm des Bundespräsidenten tatsächlich am Abend des 28. Oktober in Besançon eintraf und dieser Nachrichtenweg über die Schweiz ohne Verzögerung funktionierte, belegt Fontanes umgehende Bestätigung in einem Brief an Emilie. Ihm war sofort klar, auf wen die Initiative zurückging. Er *erfahre daraus meines guten Lazarus hülfreiche Schritte.* Aber er erkennt auch: *[M]omentan ist es zu spät.* Fontane hoffe nun, *daß Mr. Crémieux beim Kriegsminister* seine *»Liberation« durchsetzen* und ihn *in Roche-sur-Yon,* wohin er am folgenden Tag transportiert werden sollte, *frei machen* werde.[16] Das Kriegsgericht in Besançon wurde auch nicht von der französischen Regierung beeinflusst. Denn Außenminister Jules Favre hatte bis zum 2. November »in dieser Beziehung [Fontanes Internierung] keine Nachricht der französischen Behörde in Besançon erhalten«.[17] Die lokale Militärgerichtsbarkeit urteilte autonom über den preußischen Kriegsgefangenen. Unterbrochene Nachrichtenwege hatten vorerst verhindert, dass die Initiativen der *Rütli*-Freunde Wirkung zeigten. Erst kurz nach dem Gerichtsurteil traf eine erste Depesche zum Fall Fontane in Besançon ein. Sie war weder an den Festungskommandanten noch an den Divisionsgeneral gerichtet, sondern an einen Vertreter der katholischen Kirche. Und sie betraf eine andere wichtige Entscheidung über das Schicksal des Kriegsgefangenen.

Comme officier supérieur

Es verwundert, warum Fontane in *Kriegsgefangen* nicht den konkreten Tag des Gerichtsbeschlusses nennt. Schließlich wird im Text auch sonst nicht mit Datumsangaben und Uhrzeiten gespart. Unwahrscheinlich ist, dass es sich um eine Erinnerungslücke handelt, obwohl die erst retrospektiv vorgenommenen Notizbuchaufzeichnungen ein Beleg dafür wären. Im Notizbuch sind die Zeitangaben für Besançon äußerst knapp: *In Besançon 18 Tage bis Sonnabend, den 29. früh.*[18] Vielmehr ist die ungenaue Datumsangabe dem poetischen Konzept für sein Buch *Kriegsgefangen* geschuldet. Fontane verlegte seinen Freispruch auf den 26. Oktober, weil an diesem Tag eine zweite Entscheidung fiel, die seine Kriegsgefangenschaft von einem Moment auf den anderen radikal änderte – und damit erzählerisch eine Zäsur ermöglichte. Und so fällt dem Kommandanten von Besançon in *Kriegsgefangen* die dankbare Rolle zu, seinen Schützling Fontane mit einer weiteren Hiobsbotschaft zu konfrontieren.

Er sei erfreut, *die böse Nachricht,* also die Verfügung, Fontane müsse bis Kriegsende in Frankreich bleiben, *durch eine gute einigermaßen balancieren zu können*: Er werde künftig als *officier supérieur* [höherer Offizier] *angesehen*.[19] Der Kommandant überreichte Fontane ein vom Generalstabschef Edwin ausgestelltes »Dokument«, das dessen neuen Status amtlich besiegelte. Edwin habe »beschlossen, dass er [Fontane] als höherer Offizier angesehen und mit der seinem Rang schuldigen Rücksicht behandelt werden soll. Die Militärbehörden sind zur Ausführung dieses Beschlusses angewiesen.«[20] Was der neue Status konkret bedeutete, erläuterte der Festungskommandant. Fontane würde künftig *einer relativen Freiheit teilhaftig werden*. Mit anderen Worten: Er werde sich *ungehindert bewegen* können. Weil sich der Abtransport *noch einige Tage hinausschieben* werde und der Beschluss des Generals aber *von diesem Augenblick an* gelte, werde er bereits in der Zitadelle von Besançon in den Genuss *all der Vorrechte* kommen. Fontane verabschiedete sich händeschüttelnd von seinen Mitgefangenen und siedelte *unverzüglich in das auf einem anderen Zitadellhofe gelegene aristokratische Viertel* um. Er blieb noch drei Tage – in *verhältnismäßigem Komfort*. Es waren die »*guten Tage von Besançon*«.[21] Fontane *konnte schreiben, Zeitungen lesen*, sich *sammeln und ungestört* seinen *Gedanken nachhängen*.[22]

Wo sich das *aristokratische Viertel* befand und wie seine Unterkunft aussah, beschreibt Fontane nicht, weder in *Kriegsgefangen* noch im Notizbuch. Aber es liegt nahe, dass er – nun als *officier supérieur* – in die eigentliche Festung, das Herz der Zitadelle, umgezogen war und im Pavillon der Officiers untergebracht wurde. Dieser Pavillon befand sich im Kadettengebäude, erste Tür. Es ist das *langgestreckte Haus mit fünf Türen*, das Fontane im Kontext seiner ersten Unterkunft in Besançon als »einfacher« Kriegsgefangener angibt[23] und das wir bei unserem Besuch auf der Zitadelle hinter der Königlichen Front »gefunden« hatten.[24] Wie ist diese Vertauschung zu erklären? Handelt es sich hier erneut um eine bewusst vorgenommene Abweichung von der Realität? Oder schlichtweg um eine Verwechslung? Einiges spricht für Letzteres. Während sich andere Veränderungen, wie zum Beispiel in der Chronologie, nachvollziehen lassen, gibt es für diese weder eine logische noch eine poetische Erklärung. Fontane hat auch in seinen *Wanderungen durch die Mark Brandenburg* Reisewege modifiziert, Zeiten vertauscht und Personen erfunden.[25] Für die Beschreibung von Gebäuden jedoch gilt das

Das langgestreckte Haus mit fünf Türen? Ehemaliges Kadettengebäude, heute Museum des Widerstands und der Deportation, in der Zitadelle von Besançon, 2020

nicht. Es bleibt der Irrtum, der angesichts seiner Unterbringung in ständig wechselnden Festungen durchaus menschlich ist. Die Erinnerungslücke lässt sich auch mit dem Zeitpunkt der Niederschrift begründen: Fontane begann mit der Manuskriptarbeit an den *Kriegsgefangen*-Kapiteln über Besançon erst, als er die Zitadelle längst verlassen hatte.[26]

Der Kardinal

Wem Fontane seinen Status als *officier supérieur* verdankte, erwähnt er in *Kriegsgefangen* nur mit einem Satz: *Seine Eminenz der Kardinal* habe sich für ihn *verwandt.* Fontane nennt weder seinen Namen noch beschreibt er die genauen Umstände, die ihm schon am 26. Oktober bekannt waren. Bei dem Helfer handelte sich um den vierundsiebzigjährigen Césaire Mathieu, der seit 1834 das Erzbistum von Besançon leitete und 1850 von Papst Pius IX. zum jüngsten Kardinal Frankreichs erhoben wurde. Seine Residenz befand sich vor der Porte Noire, am Fuß des Zitadellberges Saint-Étienne.[27] Mit der Zitadelle verband Kar-

Böse und gute Nachrichten

dinal Mathieu nicht nur die räumliche Nähe. Zwischen 1848 und 1860 finanzierte er die Sanierung der Kapelle neben dem Kadettengebäude, indem er unter anderem ihren Giebel mit einer Uhr verzieren ließ, die noch erhalten ist.[28] Wer Mathieu kontaktiert hatte – auch dessen war sich Fontane sicher. Er habe am 26. Oktober, schreibt er an Emilie, *wo der Cardinal seine Verwendung für mich eintreten ließ, gleich an Frau v. W[angenheim] geschrieben*.[29] Tatsächlich hatte Familie Wangenheim die Initiative ergriffen – und das gleich auf mehreren Wegen. Die beiden wichtigsten liefen auf Umwegen nach Besançon zu Kardinal Mathieu, von dem sich die Wangenheims am ehesten eine wirksame Hilfe versprachen. Aus Mathieus Antwortschreiben geht hervor, welche Mittelsmänner die Wangenheim-Gesuche an ihn weitergeleitet hatten. Am 25. Oktober traf in Besançon das Telegramm von »Dr. v. Murad« [Leonhard von Muralt] aus Zürich ein[30], wobei es sich um den bereits erwähnten Kontakt Marie von Wangenheims in die Schweiz handelte.[31] Und am 26. Oktober erreichte Mathieu das Telegramm von Adolf Namszanowski aus Berlin, seit 1868 Titularbischof von Agathopolis und zugleich Apostolischer Vikar im Militärordinariat von Deutschland.[32] Bemerkenswert ist, dass der Kardinal sowohl Muralt als auch Namszanowski das Gefühl vermittelte, allein ihr Telegramm hätte bewirkt, dass er »die geeigneten Schritte zugunsten Herrn Fontanes unternommen« habe.[33] Auch sonst unterscheiden sich die beiden Antwortschreiben Mathieus sprachlich und inhaltlich nur geringfügig.

Namszanowski informierte er, dass die Anklage wegen Spionage »glücklicherweise fallen gelassen« sei, »denn sie hätte die Todesstrafe zur Folge gehabt«. Weil »Herr Fontane leider in unmittelbarer Nähe des preußischen Heeres und außerhalb der Vorposten festgenommen wurde, sah man ihn als einen Mitkämpfenden an und betrachtete ihn in dieser Eigenschaft als Kriegsgefangenen«, der nun in La Roche-sur-Yon interniert werde. Der Kardinal räumte ein, dass sich nach Lage der Dinge »weder umfassendere Beobachtungen noch ein besserer Vergleich erzielen [ließen]«.[34] Es sei jetzt nicht möglich, ergänzte er in dem Schreiben an den Schweizer Vermittler Muralt, »irgendwelche Reklamationen oder Bemerkungen geltend zu machen«.[35] Keinesfalls wollte Mathieu ein weiteres Ziel seiner Bemühungen für eine besse-

Verwendete sich für
Fontane: Kardinal Césaire
Mathieu, um 1871

re Behandlung Fontanes gefährdet sehen. Aus beiden Schreiben geht hervor, dass der Kardinal nicht allein aus christlicher Nächstenliebe handelte. Indem Fontane als *officier supérieur* eingestuft wurde, stieg sein militärischer »Marktwert« für einen Austausch. Es komme nun darauf an, so Mathieu, »auf diplomatischem Wege einen Vorschlag zu machen, wonach zwischen Herrn Fontane und einem höheren französischen Offizier eine Auswechslung erfolgen soll«. Er »zweifle nicht an der Annahme dieses Vorschlags, und Herr Fontane wird dann ohne Verzug seiner Familie zurückgegeben werden«.[36]

Ungeachtet dessen ließ es sich der Kardinal nicht nehmen, seinen Sekretär in die Zitadelle zu entsenden, um dem Gefangenen »Mitteilung von der getroffenen Entscheidung« über seinen neuen Status zu machen. Fontane, so die Einschätzung Mathieus, »war anscheinend damit zufrieden«.[37] Begleitet wurde der Sekretär von Pierre Charles Guibard, Priester und Militärgeistlicher der Zitadelle von Besançon, der von Mathieu über den Fall Fontane informiert worden war. »Der Herr [Fontane] war sehr erfreut über unseren Besuch«, erinnerte sich Guibard ein paar Tage später – und nahm für sich in Anspruch, dass der Kriegsgefangene auf »meine Empfehlung vom Vormittag hin […] bereits im Offizierszimmer untergebracht worden [war]«.[38]

Böse und gute Nachrichten

Fontane kam immer wieder auf Mathieus Unterstützung zurück. Kurz vor seiner Freilassung wird er an Emilie schreiben: *An Wangenheims wiederholt meinen Dank; ohne die Fürsprache des Cardinal Mat[t]-hieu zu Besançon wär ich den Strapazen wahrscheinlich erlegen.*[39] Denn der Kardinal setzte sich auch für Fontane ein, nachdem dieser Besançon verlassen hatte. Da sich La Roche-sur-Yon in der Diözese Lycon befand, wandte er sich an den dortigen Bischof, den er persönlich kannte, damit Fontane »in dieser kleinen Stadt alle Fürsorge und jede angemessene Rücksicht genießen wird«.[40] Zudem bemühte er sich (ergebnislos) darum, dass »Frau Fontanes Korrespondenz mit ihrem Manne« in Folge der »Umzingelung von Besançon« [die preußische Belagerung durch General von Werder] nicht unterbrochen werde.[41]

Und er schrieb direkt an Emilie, die ihrerseits Rudolf von Decker am 18. November erfreut berichtete, gestern »einen eigenhändigen, *deutschen*, höchst liebenswürdigen Brief Sr. Eminenz des Kardinals von Besançon« erhalten zu haben.[42] In dem undatierten Schreiben wiederholte Mathieu seine unternommenen Schritte, über die er bereits Muralt und Namszanowski unterrichtet hatte. Neu ist, dass er nun eine konkrete Person für den Gefangenenaustausch vorschlug: »Herrn Paul Bial«, einen in Wiesbaden inhaftierten französischen höheren Offizier.[43]

Mathieus Schreiben an Emilie, in dem er sich äußerst empathisch zeigte, war der Beginn eines längeren Briefwechsels zwischen dem französischen Kardinal und dem deutschen Dichter, der bis zum Tod Mathieus 1875 anhielt und neben privaten auch politische Themen aufgriff. Bevor Fontane nach seiner Freilassung die Korrespondenz übernahm, war Emilie Mathieus Briefpartnerin. Im November 1870 empfing sie mindestens drei (undatierte) Briefe des Kardinals. Er sandte ihr gute Wünsche, eine Fotografie von sich[44] und formulierte den Ratschlag an »Herrn Fontane«, er möge sich in Zukunft »nicht mehr durch seinen Geschmack an solcher Geschichtskunde fortreißen lassen«.[45] Außerdem informierte er sie, dass ihr Mann nicht nach La Roche-sur-Yon, sondern auf die Insel Oléron überführt worden war.[46] Dieser Umstand kann Emilie nicht noch mehr beunruhigt haben, denn sowohl die Île d'Oléron als auch La Roche-sur-Yon liegen an der Westgrenze Frankreichs. So oder so: Fontane musste einmal quer durch das Land – bis an den Atlantik.

IRRFAHRT DURCH FRANKREICH
Von Besançon auf die Insel Oléron

Gemischte Gefühle

Wie Fontane den Besuch von Mathieus Sekretär in der Zitadelle von Besançon empfunden hat, ist nicht überliefert. Aber es lässt sich erklären, warum er nur »zufrieden« und nicht euphorisch auf die frohen Botschaften *Seine[r] Eminenz* reagiert hat. Fontane hatte die Entscheidung des Generals, dass er als Kriegsgefangener in Frankreich verbleiben müsse, offenbar noch nicht verkraftet. Ihn zermürbte zudem die Ungewissheit über die *Ordre* zur Abreise, die sich offenbar immer wieder verschob. Und er hatte noch immer keine Nachricht von Emilie – was ihn, wie er schrieb, anfange *zu ängstigen*. Denn er *fürchte fast, dass diese Angst- und Sorge-Tage* sie krank gemacht hätten: *George im Felde,* er selbst *in Gefangenschaft, und dazu – wenigstens hier – ein ewiger Sturm,* das *sind nicht Dinge,* die Emilies *Nerven verbessern* würden.[1]

Dann endlich – am 27. Oktober, einen Tag nach Fontanes Umzug als *officier supérieur* in das *aristokratische Viertel* der Zitadelle – erreichte ihn erstmals Post von seiner Frau. Nach über drei Wochen! Überschwänglich bedankte er sich für ihr Telegramm, aus dem er zu seiner *großen Betrübniß ersehn* musste, *dass muthmaßlich verschiedene Briefe* in Berlin gar nicht *eingetroffen* seien. Weil er nicht wusste, was ihr schon bekannt war, gab er noch einmal einen Überblick zu den entscheidenden Eckdaten seiner bisherigen Kriegsgefangenschaft. Und zeigte viel Mitgefühl: Wie lange sie über sein *Schicksal im Ungewissen gewesen* war, *schmerze* ihn *unendlich.* Überhaupt hätten ihm seine Erlebnisse mehr um ihretwillen als um seinetwillen *leid gethan.* Er *nehme davon nur die Stunden aus, wo das Letzte in aller Lebendigkeit vor* ihm *stand.* Aber er könne *jetzt noch nicht finden,* dass seine *Verschuldung groß war.* Man habe ihn *sicher gemacht* und seine *Vorsicht eingelullt*.[2] Dabei wusste er ja, dass ihn die Freunde gewarnt hatten. Und seine Frau ihn gebeten hatte, die Frankreich-Reise zu verschieben. *Vielleicht war meine Situation nie so schlimm,* resümierte er nun. Die Anstrengung – *immer neue Bilder, immer neue Menschen; lange Schriftstücke und Conversationen, alles in französischer Sprache* – sei kolossal. *Wo die Kräfte herkommen,* wisse er nicht. Wenn er in La Roche-sur-Yon sei, werde er *zusammenbrechen und ein Fieber durchzumachen haben*; aber Emilie solle sich nicht ängstigen: *Thee und Soda und Schlaf werden das Ihre thun.* Am Ende des Briefes folgt ein *Wunschzettel zum Aufbau in Roche-su[r]-Yon*: 15 Punkte, vor allem Wäsche, darunter ein *paar Unterhosen,* weil er *[n]achts immer friere.*[3]

Fontanes Freude währte nur kurz. Der ersehnte Brief, den Emilie in ihrem Telegramm ankündigte, traf am nächsten Tag nicht ein. Stattdessen erhielt er *[e]ndlich den Entscheid,* dass er am 29. Oktober nach La Roche-sur-Yon aufbrechen werde. Und er bekam die zwei schon erwähnten Schreiben: den Brief von Elsy von Wangenheim, der ihn *gerührt* habe, und *ein Telegramm vom Präsidenten der Schweizer-Republik,* das er zutreffend auf seinen *guten Lazarus* zurückführte. Außerdem erfuhr er aus Elsys Schreiben, dass *sich Heyden und Eggers aufgemacht* hätten, um ihn *in der Löwenhöhle aufzusuchen.*[4] Es bestätigte sich, wovon Fontane immer ausgegangen war: Die Freunde taten alles, um ihn freizubekommen. Aber es wurde ihm jetzt erst bewusst, dass es nicht selbstverständlich war, was er von ihnen erwartet hatte. *Die Güte meiner Freunde beschämt mich allerdings,* schreibt er an Emilie. Er *werde diese Beweise wahrer Freundschaft nie vergessen.*[5]

Auf einem Krater

Am 29. Oktober, drei und eine halbe Woche nach seiner Gefangennehmung in Domremy, wurde Fontane in seine *eigentliche Kriegsgefangenschaft »far the West«* abgeführt. *Die Reise quer durchs Land, so lehrreich, so anregend, so bedeutungsvoll sie war,* resümiert Fontane in *Kriegsgefangen* zur Einstimmung für sein Lesepublikum, *war doch ein neues Schrecknis.* Der Marsch zum Bahnhof im *Geschwindschritt* – mit fünf weiteren Kriegsgefangenen – verlief komplikationslos. Weil sie früh aufbrachen, ließ die Bevölkerung sie diesmal *ruhig ziehen*. Stattdessen fiel der Nebel *fast wie ein Regen*. Und in Lyon, wo sie am frühen Abend eintrafen, *regnete es*. *Dies galt immer als ein Glück. Es war gleichbedeutend mit dem Wegfall einer Volkseskorte.*[6] Aber das »Glück« hielt in mehrfacher Hinsicht nicht an. Er hatte gehofft, sein Transport würde *am nächsten Tag* fortgesetzt, *aber daraus wurde nichts*. Auch am folgenden Tag nicht. Er saß in Lyon fest. Seine *Irrfahrt durch Frankreich* – die ja gerade erst begonnen hatte – würde er *liebend gern endlich beenden*. Er sei *müde und – erkältet*, klagte er gegenüber Emilie.[7] Außerdem hatte er Angst. Darüber äußerte er sich nicht gegenüber Emilie, sondern in *Kriegsgefangen*. Er wolle *offen bekennen*, dass er die Tage in Lyon *unter einem beständigen Herzschlagen zugebracht* habe. Weil er im *aristokratischen Viertel* auf der Zitadelle von Besançon *die Lyoner Journale* gelesen hatte, war er über die Stimmung in der Rhônehauptstadt Lyon *vollkommen aufgeklärt*. Während in Besançon die Obrigkeit geherrscht hatte, *herrschte* hier *bereits die Masse* oder stand kurz davor, *die Herrschaft an sich zu reißen*. Fontane *hatte mit allem Fug und Recht das bange Gefühl*, sich *auf einem Krater zu befinden*. Nachdem das Redaktionslokal einer Zeitung und die Wohnung des Divisionsgeneral *vom Volke gestürmt worden* waren, trieb den Kriegsgefangenen die Frage um, was wohl geschehen würde, *wenn diese Septembriseurs in die Gefängnisse einbrechen und furchtbar Musterung halten*. Mit dem Begriff »Septembriseurs« nimmt Fontane Bezug auf Massaker, die während der Französischen Revolution Anfang September 1792 vor allem an Häftlingen verübt wurden. Fontanes Unsicherheit wurde durch Besucher aus der Stadt, *vielleicht Freunde des Gefängnisvorstandes*, noch gesteigert. Die Fremden wollten mit ihm, dem preußischen Gefangenen, *politisieren; sie waren alle artig, verbindlich in ihren Formen, aber ersichtlich aufgeregt und zerstreut*.

Schließlich erfuhr Fontane den Grund der Aufregung. Die Nachricht »*Bazaine hatte kapituliert*« drang bis in seine *vergitterte Zelle. Einige Sekunden später* wurde die Meldung Fontane *gegenüber wieder bestritten, aber nur, weil man es bestreiten wollte*.[8] Aber es entsprach den Tatsachen. Bereits am 27. Oktober hatte Marschall François-Achille Bazaine mit circa 150.000 Soldaten und Offizieren nach einer knapp siebzig Tage andauernden Belagerung die Festung Metz aufgegeben. Die Kapitulation von Metz löste bei den Franzosen eine Welle der Empörung aus. Die

Wut richtete sich gegen Bazaine, dem man nicht nur Unfähigkeit und Feigheit, sondern auch Verrat vorwarf. Er wurde 1872 verhaftet und vor ein Kriegsgericht gestellt, das ihn zunächst zum Tode verurteilte, das Urteil dann aber in eine zwanzigjährige Haftstrafe umwandelte. Metz blieb nach dem Einzug der deutschen Truppen besetzt und wurde 1871 nach dem Friedensvertrag Verwaltungssitz des neu geschaffenen Bezirks Lothringen. Erst 48 Jahre später – am Ende des Ersten Weltkrieges – fiel Metz wieder an Frankreich zurück.[9]

Die Folgen der Kapitulation bekam auch Fontane in Lyon zu spüren. Nachdem ihn die *letzten Besucher* im Gefängnis verlassen hatten und er es sich gerade *in einer Art Gartenstuhl* bequem machen wollte, begann von den Türmen der benachbarten Kathedrale ein Läuten, wie er es in seinem ganzen Leben noch nicht gehört hatte. *Es war tiefe Klage, lauter Hilferuf, leises Gewimmer,* erzählt er in *Kriegsgefangen, eine unbeschreibliche Angst mächtigte sich meiner, hörbar schlug mein Herz.* Fontane *war ganz sicher, dass sich ein Volksaufstand vorbereitete, daß »la terreur« heranziehe und seine Herrschaft proklamiere.* Eine Viertelstunde lang verharrte er in Schockstarre, dann schwiegen die *Glocken,* verstummte das *Gekreisch* und alles war *still.* In Fieberhast ging er alle Möglichkeiten durch – bis er eine Erklärung hatte: *der andere Tag (2. November) war Totentag. Die Glockenwehklagen hatten den Tag aller Seelen eingeläutet.*[10]

Diese Fahrerei durch das Land

Nachdem der Gefangenentransport Lyon am 2. November verlassen hatte, ging es in den nächsten Tagen mit der Eisenbahn über Moulins, Guéret, Poitiers und Rochefort nach Marennes, an die Westküste Frankreichs.[11] Am 7. November informierte Fontane seine Frau aus Rochefort, dass er *nicht nach Roche-sur-Yon* gehe, sondern *jetzt für die Insel d'Oléron ausersehen* sei.[12] In *Kriegsgefangen* verändert er den tatsächlichen Zeitverlauf erneut, indem er dem Kommandanten der Zitadelle von Besançon schon am 26. Oktober die Mitteilung in den Mund legt, dass er *nach der Insel Oléron im Atlantischen Ozean transportiert* werde.[13]

Diese Fahrerei durch das Land sei *nicht einfach.* Es wundere ihn, dass seine *Gesundheit das alles hat durchstehen können.*[14] Wie so oft ersparte er

Ich gehe nicht nach Roche-sur-Yon: Brief-Entwurf an Emilie Fontane vom 7. November 1870, Notizbuch D6

Von Besançon auf die Insel Oléron

Emilie Details, die er aber in *Kriegsgefangen* erzählt. In Moulins wurden die Gefangenen von einem *tobenden Menschenhaufen* bedrängt, weil die Gendarmen *das neugierig andrängende Volk* nicht wie sonst *beiseite schieben*, sondern *gewähren* lassen. In Guéret sorgte sein *Beglaubigungspapier »comme officier supérieur«* für *eine völlige Verwirrung* und erinnerte Fontane an die Vorgänge, die sich in kleinen Badeorten *mit Filialapotheken* abspielen, wenn die Angestellten *das aus der großen Stadt kommende Rezept nicht entziffern und nach längerem Getuschel und Aufwand einiger Fremdwörter endlich erklären: ein solcher Arzneikörper existiere nicht.* In Poitiers fand Fontane wieder lobende Worte für die Franzosen – diesmal waren es die *französischen Beamten*, die *nie ärgerlich und gereizt, nie schlechter Laune* ihren Dienst verrichten würden. Es spreche *sich darin entweder eine gewisse Wohlerzogenheit oder ein tiefgehender, längst Allgemeingut gewordener humaner Zug oder aber, drittens eine richtige Vorstellung [...] von der Beamtenpflicht aus. Wahrscheinlich wirkt alles drei zusammen.* Und in Rochefort stand *das Gespenst des Nervenfiebers* vor ihm. Es verzog sich aber wieder.

Mit Marennes hatte Fontane das Ziel fast erreicht. In der Nacht zum 9. November glaubte er *den Wogengang des »Atlantik«* zu hören, dem er *jetzt auf eine halbe Stunde nahe war.* Mitunter schien es ihm, *als rausche und grüße er herüber. Aber es war nur der Wind, der durch den Kamin fuhr.*[15]

Kein Draht zu Nöhl

Der Transport an die Westgrenze Frankreichs verstärkte bei Fontane den sehnlichen Wunsch, dass Lazarus und Dubs *sich weiterhin bei Herrn Crémieux um seine Freilassung bemühen.* Dabei kam eine neue Person ins Spiel: *Herr Gambetta, der* [französische] *Kriegsminister,* sei *in der Regierung die einzige Person,* die seine *Freilassung anordnen* könne. Und Fontane ergänzte: *Vielleicht im Austausch!*[16] Die Hoffnung, dass die Freunde in Berlin nicht lockerließen, muss neue Nahrung bekommen haben, als er in Lyon mit *norddeutsche[n] Schiffskapitäne[n]* ins Gespräch kam, die *von Marseille her als Gefangene eingetroffen waren.* Als er ihnen von seinen Erfahrungen in der Gefangenschaft erzählte, überreichte ihm einer der Seemänner *gleich darauf eine neueste, höchstens fünf oder sechs Tage alte Nummer der »Hamburger Börsenhalle«,* worin Fontane *die Geschichte* seiner

Verhaftung las. In *Kriegsgefangen* verzichtet er auf ein Zitat und reduziert auch seine Reaktion auf ein emotionales Minimum. Die Zeitungsnotiz mache *einen sonderbaren Eindruck* auf ihn.[17] Aber er hatte es nun schwarz auf weiß: Sein Fall war inzwischen öffentlich geworden. »Der Schriftsteller Th. Fontane«, berichtete die Zeitung am 25. Oktober, »der sich nach dem Kriegsschauplatz begeben hatte, um dort Studien für sein beabsichtigtes Werk über den Krieg von 1870 zu machen«, sei bei seiner Partie nach Vaucouleurs gefangengenommen »und nach Tours gebracht worden«. Die Angehörigen wären »wochenlang« im Ungewissen geblieben, »bis endlich eine kleine Nachricht über sein Schicksal in einem von ihm französisch geschriebenen Brief vom 16. d. M. hierhergelangt ist«.[18] Abgesehen von Ungenauigkeiten weisen die Einzelheiten in dem Zeitungsbericht darauf hin, dass Fontanes Freunde die Presse zuvor gezielt über die Verhaftung informiert hatten. So veröffentlichte auch die *Vossische Zeitung* einen Bericht über die französische Gefangenschaft ihres Theaterkritikers.[19]

Obwohl nun auch die Medien über den Fall Fontane berichteten, sah es zunächst so aus, als würden die vielen Initiativen der Freunde – abgesehen von denen der Wangenheims – nichts bewirken. Fontane war noch immer Kriegsgefangener und inzwischen von der Heimat weiter entfernt denn je. Die *Rütlionen* gaben aber nicht auf. Allerdings zeigen die Bemühungen von Lazarus und Eggers, wie schwierig es war, überhaupt einen direkten Draht zu ihrem Nöhl herzustellen.

Weil Lazarus zunächst weder vom Schweizer Bundespräsidenten Dubs – der ihm erst am 28. Oktober auf sein Gesuch vom 23. Oktober antwortete – noch vom französischen Justizminister Crémieux eine Nachricht erhalten hatte, aktivierte er einen weiteren Kommunikationskanal über die Schweiz. Am 27. Oktober wandte er sich an seinen Freund Anton Biermer, ordentlicher Professor für Pathologie und Vorstand der medizinischen Klinik Bern, mit der Bitte, eine Depesche an Fontane sowie einen Brief an den Festungskommandanten in Besançon zu senden. Was Biermer am 27. bzw. 28. Oktober auch prompt erledigte.[20] Es ist jedoch nicht belegt, ob beide Nachrichten ihren Empfänger erreicht haben. Vierzehn Tage später meldete Biermer, dass der in Besançon lebende Vetter seines Kollegen Max Büdinger Fontane besuchen wollte, dieser jedoch die Zitadelle schon verlassen hatte. Mit Genugtuung muss Lazarus Biermers Information aufgenommen haben, er hätte über General von Werder gehört, dass für Fontane ein Austauschangebot vorläge – »und da auch Crémieux sich für ihn interessiert«, werde er »unstreitig frei[kommen]«. Lazarus selbst hatte vom französischen Justizminister dagegen noch immer keine Antwort erhalten.

Der Berner Freund unterbreitete ihm zudem einen Alternativvorschlag zur Freilassung Fontanes, der den Abenteuerfaktor seiner Kriegsgefangenschaft deutlich gesteigert hätte. »Sollte es nicht möglich sein«, fragte Biermer, »Fontane durch englische Hilfe zu befreien resp. zu entführen?« Vielleicht könne ein Engländer dem Gefangenen auf Oléron einen Besuch abstatten »und zur Flucht verhelfen«.[21] Weder Fontane noch die *Rütli*-Freunde zogen jemals die Möglichkeit einer Flucht in Erwägung.

Ein Abenteuer wagten auch Eggers und Heyden nicht, obwohl sie in Frankreich dichter am Geschehen waren als die anderen Helfer in Berlin. Sie setzten auf Diplomatie und verließen sich auf die konventionellen Wege. So nutzte Eggers, der am 24. Oktober zusammen mit Heyden in Nancy eingetroffen war, die Gelegenheit, Ferdinand Wilhelm Freiherr von Bock, der auf preußischer Seite als Kommandeur eines Infanterie-Regiments am Krieg beteiligt und gerade auf dem Weg nach Versailles war, »eine Karte […] und eine Photographie von Nöhl mit mündlicher Bestellung an den Kronprinzen« mitzugeben.[22] Ob Bock wiederum Gelegenheit hatte, die Karte zu übergeben, ist nicht überliefert. Eine Initiative des Kronprinzen Friedrich Wilhelm in der Causa Fontane ist jedenfalls nicht bekannt. Erfolglos blieben auch Versuche, »mit Nöhl in Besançon brieflichen Verkehr anzuknüpfen«.[23]

Immerhin gelang es Eggers, in Toul einen verantwortlichen preußischen Offizier auf der Straße abzupassen und ihn zu bitten, eine Eskorte nach Vaucouleurs zu entsenden, um dort von Nöhls Umhängetasche »Besitz zu ergreifen«.[24]

Was er nicht wusste: Zur gleichen Zeit bat Fontane seine Frau, *wenigstens Versuche anzustellen*, dass seine im Touler Hotel *zurückgelassenen Sachen und ferner die kleine schwarze Tasche, sammt Lepels Trinkflasche*, die er *in Vaucouleurs zurückgelassen habe, ihr zugestellt werden*.[25] Auf zwei Zetteln, die er später in sein Notizbuch einklebte, hielt er aus der Erinnerung detailliert fest, was sich in der Tasche befand, unter anderem *Tuch-Hand-*

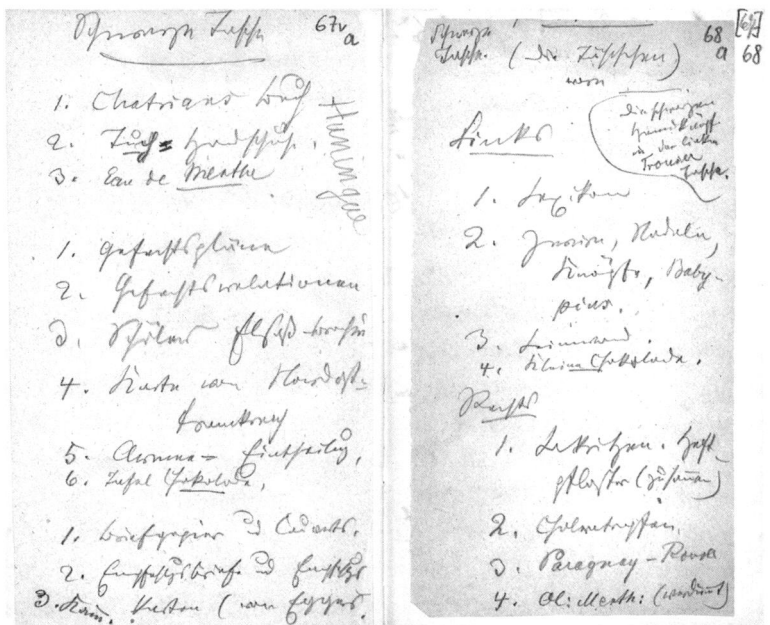

»Inventarliste« für die *schwarze Tasche:* Fontanes Aufzählung, vor dem
24. November 1870, Notizbuch D6

schuhe, Gefechtspläne, Karte von Nordost-Frankreich, Tafel Chokolade, Empfeh-
lungsbriefe und Empfehlungs-Karten (von Eggers) sowie *Choleratropfen.*[26]
Fontanes Gepäck in Toul war bereits am 20. Oktober durch Lüdecke abgeholt worden. Und am 7. November konnte Eggers in seinen
»Wochenzetteln« notieren, der Stadtkommandant von Toul habe ihm
gemeldet, dass er die Tasche in Vaucouleurs »richtig ergriffen« habe; sie
sei bereits nach Berlin unterwegs. Während es Fontane um den *Werth*
seiner Sachen ging, trieb Eggers vor allem ein Motiv an: »Haben wir sie
[die schwarze Tasche] hier, so ist die Sorge, daß in Frankreich noch gra-
vierende Papiere gegen ihn existiren zu Ende.«[27] Warum das Kriegsgericht Fontanes Gepäck weder in Toul noch in Vaucouleurs konfiszieren
ließ, bleibt eine der vielen offenen Fragen in diesem Fall.

Als Eggers am 31. Oktober mit dem Lazarettzug nach Berlin zurückgekehrt war, besuchte er am folgenden Tag Emilie, wo er »alle Freunde« traf, die ihn »mit einem gar nicht geahnten Jubel« empfingen.[28] Am

5. November wurde im *Rütli* die Nachricht besprochen, dass Nöhl »nach Roche-sur-Yon als Kriegsgefangener transportirt werden soll, oder geworden [!] ist«. Eggers übernahm die Aufgabe, »das Hauptquartier und die in Nancy [vermutlich Lüdecke] zu unterrichten«. Zuvor hatte Emilie dem *Rütli* zwei Briefe ihres Mannes zur Verfügung gestellt.[29]

In welchem Zustand sich die »Nöhlin« befand – wie Fontanes Frau von Eggers bezeichnet wurde –, hat er nicht notiert. Aufschluss über ihre psychische Verfassung gibt ihr Brief vom 11. November, der in der bisherigen Fontane-Rezeption keine Beachtung fand und auch im Ehebriefwechsel nicht veröffentlicht wurde. Ungeschminkt teilte sie ihm mit, wie sie leidet: »Mein Gemüt ist so traurig, mein Herz so niedergedrückt.« Tag und Nacht sei sie bei ihm und bitte den lieben Gott um Geduld und Kraft, »die furchtbare Trennung zu ertragen«. Sie sei froh, dass seine Schwester ihr »durch diese unglückliche Zeit hindurchgeholfen« habe. Außerdem berichtete sie ihrem Mann, sein »ganzes Gepäck aus Toul und Vaucouleurs erhalten« zu haben – und kommentierte: »Du kannst dir sicher denken, mit welchem Gefühl ich das alles betrachtet habe!«

Der Brief belegt darüber hinaus, dass Emilie am 11. November noch davon ausging, dass ihr Mann inzwischen in La Roche-sur-Yon angekommen sei. Sie berichtete ihm von einem Besuch beim Bischof Namszanowski, der »sehr liebenswürdig war« und ihr versprochen habe, dem Bischof von Lycon, zu dessen Diözese La Roche-sur-Yon gehörte, zu schreiben. Von dessen Güte erhoffe sie sich »ein wenig Pflege«, die für Fontanes »Gesundheit so nötig ist«. Zudem versicherte sie ihm, dass die Freunde »von wahrhaft rührender Treue« seien. Sie hätten »jeden möglichen Schritt zu deiner Befreiung getan«.[30]

Fontane, der sich bereits seit dem 9. November auf der Insel Oléron befand, hat diesen Brief nicht erhalten – wie auch viele andere nicht. So beklagte er am 13. November, er habe seit dem Telegramm des Schweizer Bundespräsidenten Dubs vom 28. Oktober, *also bereits vor 16 Tagen,* […] *kein Wort erfahren, weder überhaupt etwas von euch, noch etwas in meiner Freilassungs-Angelegenheit.*[31] Spätestens auf der Atlantikinsel war ihm klar geworden, dass seine Kriegsgefangenschaft länger dauern würde als befürchtet. Und dass die Initiativen zu seiner Freilassung offenbar ins Stocken geraten waren.

HIMMLISCHE RUHE UND STÜRMISCHER REGEN
Als *officier supérieur* auf der Atlantikinsel Oléron

Zimmer mit Meerblick?

Ankunft auf Isle d'Oléron. Guter Empfang. Hoffentlich bleibt's so.[1] Fontanes Notizbucheintrag für den 9. November 1870 klingt verhalten optimistisch. Empfangen hatte ihn *Capitaine Forot*, der Kommandant der Zitadelle auf der Insel: *sehr freundlich und wohlwollend*, wie Fontane auch Emilie berichtete.[2] Forot geriet nicht nur ins Plaudern, sondern bot dem *officier supérieur* auch *Straßburger Bier* an. Nach *sechs Wochen* erfreute sich Fontane, wie er in *Kriegsgefangen* erzählt, *zum ersten Mal wieder an einer Art Gerstensaft.* Der Kommandant, *ein freundlicher Herr in Zivil*, hatte aber noch mehr zu bieten: Er sehe *die Tage heraufziehen*, an denen Fontane *die Gefangenschaft auf Isle d'Oléron segnen* werde: *Sie werden einen guten Stoff gewinnen und Ihr zukünftiger Biograph einen noch besseren.*[3] Das war Fontane schon vor seiner Ankunft auf der Insel bewusst. *Meine Erlebnisse hab ich angefangen aufzuschreiben*, teilte er Emilie einen Tag nach seiner Ankunft mit, *mit der Hälfte bin ich so ziemlich fertig.*[4] Kaum war der Dichter dem Tod entgangen, schrieb er schon wieder. Es war wohl die wirksamste Medizin gegen das Warten auf den Tag X seiner Freilassung.

Fontanes Kriegsgefangenschaft auf der Insel war nicht gleichzusetzen mit der in Besançon. Gleich am ersten Tag kam er in den vollen Genuss einer privilegierten Haft. Nachdem Forot den »Fournisseur« [Lieferanten] gerufen hatte, machten sich die drei auf, um für den Neuzugang *eine Wohnung* zu suchen. In einem der *vielen kasernenartigen Gebäude* befanden sich die *Offiziersquartiere* – und der Gefangene hatte die Qual der Wahl. Das erste *Zimmer* bestach *durch seine großen Fenster*, die *einen entzückenden Blick auf das Meer gestatteten.* Fontane *schwankte einen*

Ankunft auf Isle d'Oléron. Guter Empfang: Eingang (Königliche Front) zur Zitadelle Château-d'Oléron, 2020

Augenblick, wollte aber nicht zum zweiten Mal *Opfer des Romantizismus* werden: *Aussicht sei viel, aber Komfort sei mehr.* Das zweite Zimmer machte zwar den Eindruck, *als müsse die Herdplatte hier noch warm sein,* aber es konnte ihn auch hier nicht halten, weil die Fensterscheiben *mit lauter aus rotem Papier geschnittenen Teufelchen beklebt [waren], die sich untereinander neckten, Gesichter schnitten und unanständige Gebärden ausführten.* Fontanes *Nerven wären diesem Anblick nicht mehr gewachsen gewesen. Ein drittes Zimmer, »No. 9: Capitaine«, entsprach endlich* seinen Wünschen. *Der Kommandant empfahl sich, und der Fournisseur* notierte notwendige Dinge für die Ausstattung. Kurz darauf wurden Fontane auf einem Karren *Matratzen, Decken, Gardinen* geliefert. Und aus *der benachbarten Kantine* erschien ein *beschäftigter Invalide,* den Fontane bat, *Holz und Kognak zu bringen,* um seinem *Frösteln auf doppeltem Wege beikommen zu können.* Auch das Gewünschte wurde in Windeseile herbeigeschafft.[5]

Ich habe ein Offizierszimmer bezogen, schrieb er Emilie am nächsten Morgen, *trotz Regen und Sturm leidlich gut geschlafen.* Und er *danke Gott,* dass er *jetzt, nach menschlicher Voraussicht, wenigstens in Ruhe* sei. Außerdem befände er sich auch in relativer Freiheit. Er dürfe sich innerhalb *der Citadelle* und des benachbarten *Städtchens* [Le Château-d'Oléron] *bewegen. Vor allem sehne er sich nun nach Briefen aus der Heimat.* Er klagte, noch *ohne Nachricht von ihr zu sein*[6], und sprach ihr für den bevorstehenden Geburtstag Mut zu: *Ich lebe ja noch, bin relativ gesund und habe den Trost, dass zuletzt alles seine Zeit hat, auch der Krieg.*[7]

Von der Festungs- zur Urlaubsinsel

Die Darstellung seiner Haftzeit auf der Île d'Oléron eröffnet Fontane in *Kriegsgefangen* mit einem geopolitischen Exkurs, den man über die Zitadelle von Besançon vermisst. Die Insel an der Westküste des Atlantik sei *ebenso groß wie Wollin.*[8] Tatsächlich ist die Ostsee-Insel Wollin mit 265 Quadratmetern größer als die Insel Oléron mit ihren 175 Quadratmetern. Hinsichtlich der Lage und der historischen Bedeutung irrte er dagegen nicht. Fontane hatte den Kommandanten um Literatur gebeten, so auch um eine *Beschreibung der Insel d'Oléron, ihrer Orte, ihrer Lage, und hauptsächlich ihrer Geschichte.*[9] Da Forot offenbar kein Buch über die Insel-Geschichte zur Hand hatte, ließ er dem Gefangenen die Napoleon-Erinnerungen von Las Cases überreichen.[10] Aus diesem Buch, »Memorial von St. Helena«, entnahm Fontane die Passagen über *Oléron* in *Kriegsgefangen.*[11]

Zwischen den Mündungen der Loire und Gironde [...] buchtet der Atlantische Ozean ziemlich tief ins Land hinein und schafft hier eine Küstenformation, die eine Landung des Feindes begünstigt. Daher ging es den Franzosen darum, *das Land an dieser verwundbaren Stelle dicht zu machen.* Es *genügte aber nicht,* die an der Bucht gelegenen Hafenstädte La Rochelle und Rochefort zu *Festungen* auszubauen. Um die *Annäherung* des Feindes zu erschweren, *boten die vorgelegenen Inseln die beste Gelegenheit. Isle d'Oléron* kann als *Außenfort von Rochefort* angesehen werden.

Die Inselfestung diente nicht nur der Verteidigung, sondern auch als Gefängnis. *Anno 54 und 55 waren Russen, Anno 59 Österreicher hier in Gefangenschaft; im Winter 70 auf 71 macht die Insel die Bekanntschaft der Preußen und Bayern.*[12] Der prominenteste Preuße war Fontane selbst. Am 14. November hielt er im Notizbuch fest, es seien weitere *400 Gefangne* eingetroffen; *im Ganzen sind wir jetzt 1000.*[13] Die Bevölke-

rung [auf der Insel], *ziemlich zahlreich und wohlhabend, hat sich in zwei Städten und vier Dörfern konzentriert.* Die Stadt *St. Pierre ist um etwas größer, steht aber an Bedeutung hinter Château zurück. Hier ist die Zitadelle, hier sind die Forts und Kasernen, hier wohnen die Behörden; es ist der beherrschende Punkt.*[14] Soweit Fontane.

Auf der Zitadelle Château-d'Oléron begegnet uns erneut der königliche Festungsbaumeister Sébastien Le Prestre de Vauban. 1791 unterzog er die Zitadelle, welche zwischen 1630 und 1704 im Auftrag von Kardinal Richelieu errichtet wurde, einer Modernisierung. Neu gebaut wurden beispielsweise Bastionstürme und verschiedene, zum Teil auch überdachte Wallgänge. Die Ähnlichkeiten zwischen den Festungen in Besançon und Le Château-d'Oléron sind unverkennbar.[15]

Von den steil abfallenden Ramparts [Wällen; Fontane schreibt *Le Rempart*] der Zitadelle aus konnte Fontane über das Meer zum Festland hinüberblicken. Auf dem Wallgang verbrachte er *die schönsten und poetischsten Stunden* seiner Oléron-Tage.[16] Die *Bastion am Meer. Ganz Hamlet 1. Akt, 1. Szene,* schrieb er in sein Notizbuch.[17] Es ist die Szene, in welcher der Geist des verstorbenen Vaters auf der Schlossterrasse erscheint. *Je nach der Stunde,* zu der er *heraustrat,* fand Fontane *Ebbe und Flut* und *begrüßte das steigende oder das schwindende Meer.* Selbst an *Sturmtagen* ließ er es sich nicht nehmen, wenigstens kurz auf den Ramparts auszuharren. Er *hielt den Hut mit beiden Händen, und der Gischt sprang bis über die Brüstung.* Aber er *atmete auf und sah nach Osten hin, wo* ihm *die Heimat lag und die Freiheit.*[18]

Der Blick zum Festland ist heute derselbe; von der Zitadelle findet man nur noch Reste. Während eines alliierten Bombenangriffs im April 1945 wurde die von deutschen Truppen besetzte Anlage weitgehend zerstört. Erhalten geblieben und schrittweise restauriert wurden die imposanten Steinwälle, das Arsenalgebäude und das markante Eingangsportal, das Königliche Tor, zu dem man über eine hohe Steinbrücke gelangt, unter der sich im Gegensatz zur »Zugbrücke« in Besançon sogar Wasser befindet. Der Portalgiebel schmückt sich mit einem Wappen aus drei gehämmerten Lilien-Ornamenten: Königskrone, Standarten und Symbole der Ehrenlegion. Die Zitadelle, die seit 1929 unter Denkmalschutz steht, ist auf der – nicht nur bei Franzosen – beliebten Urlaubsinsel ein Anziehungspunkt für Touristen, die sich auch

Im Zweiten Weltkrieg weitgehend zerstört: Touristenattraktion Zitadelle Château-d'Oléron, 2018

mit einer kleinen Bimmelbahn über das Gelände chauffieren lassen können. Seit 2014 trifft man auf der Festung historische Metallfiguren des Künstlers Alain Nouraud. Unter ihnen eine Soldatenpatrouille und natürlich Baumeister Vauban. Weitere sollen folgen. Eine Fontane-Figur ist nicht vorgesehen.

Rasumofsky oder Rogerowski?

Bequartiert war er *nun* – der kriegsgefangene Dichter im Rang eines *officier supérieur; alles war da* – nur *der Bursche fehlte noch.* Am zweiten Tag seines Aufenthaltes auf Oléron wurde er Fontane vorgestellt: Max Rasumofsky. Er gefiel ihm *auf der Stelle. [D]ass er ein schwarzer Husar war, besagten die Überreste seiner Uniform, dass er Pole war, entnahm er seinem Namen, dass er ein Schneider war, ergaben die ersten Recherchen.* Die Mischung schien perfekt: *Husar, Pole, Schneider* – Fontane *griff zu und hatte* seine *Wahl nicht zu bereuen.* Sie lebten *gut, einträchtig, friedfertig miteinander;* Fontane teilte mit Rasumofsky, der ihn kurioserweise *»Herr*

Leutnant« nannte, *Neuigkeiten* und seine *Mahlzeiten*.[19] Rasumofsky wurde sein unverzichtbarer Vertrauter auf Oléron und erhielt in *Kriegsgefangen* sogar ein eigenes Kapitel. Weil er im Notizbuch als *Rogerowski* auftaucht[20], stellt sich die Frage nach der Authentizität des Burschen. Dass es sich nicht um einen Schreibfehler handelt, belegt ein Brief an Emilie vier Jahre später. Fontane berichtete seiner Frau von der Bekanntschaft eines Postillons, *der bei den schwarzen Husaren in Posen gestanden hatte und natürlich meinen Rogerowski kannte*.[21] Dass dieser Rogerowski tatsächlich Fontanes Diener war, weist der Historiker Tobias Arand in einer akribischen Untersuchung nach, in der er das historische Vorbild ermittelt und der literarischen Figur gegenübergestellt hat.[22] Fontanes Rasumofsky ist ein Husar aus Posen, der auf einer Patrouille in ein Feuergefecht mit Franctireurs und unverletzt in Gefangenschaft geraten war.[23] Der reale Rogerowski war ein »ethnischer Pole« aus Posen – seit den Polnischen Teilungen Ende des 18. Jahrhunderts bis zum Ende des Ersten Weltkriegs existierte kein souveräner Staat Polen mehr. Aus einer preußischen Verlustliste des Deutsch-Französischen Krieges geht hervor, dass Rogerowski im 2. Leib-Husaren-Regiment Nr. 2 diente und seit einer Patrouille am 1. Oktober 1870 bei Artenay als vermisst galt.[24]

Ob Rogerowski auch die Eigenschaften besaß, mit der Fontane seinen Rasumofsky ausstattet, ist nicht bekannt, weil es keine weiteren Quellen gibt. Aber in »seiner schlitzohrigen Gewandtheit und Lässigkeit, seiner gespielten Naivität, seinem Regellosigkeit geradezu notwendig machenden Organisationstalent und in seiner spöttischen, gleichzeitig subversiven Unterwürfigkeit ist er der klischeehafte Prototyp des slawischen Troupiers, wie er in der europäischen Kriegsliteratur in den Figuren des ›Schweijk‹ aus den *Abenteuern des braven Soldaten Schweijk* von Jaroslaw Hašek oder des ›Katczinsky‹ aus *Im Westen nichts Neues* von Erich Maria Remarque immer wieder zu sehen ist«.[25]

In Fontanes *Kriegsgefangen* zeigt der fiktive Bursche eine bemerkenswerte Begabung *im Anfahren von Holz*[26], das Fontane bestellen und vor allem selbst bezahlen musste.[27] Rasumofsky war damit nicht einverstanden, und Fontane duldete, dass dieser *mit scharfem Auge jede morsche und durchgetretene Diele* verfolgte und gezielt ein *handbreites Loch durch einen raschen Griff um das Doppelte und Dreifache* erweiterte. *Wer* will in diesen dunklen Korridoren am Ende nachweisen, ob der Schwamm oder die Ratten oder Rasumofsky dem ohnehin immer geschäftigen Zahn der Zeit vorgegriffen haben? Die Asche im Kamin ist schließlich stumm wie das Grab. Da sich der Bursche nicht nur bei den Dielen, sondern auch bei den Fensterläden bediente, war sich Fontane nicht sicher, wie die Laden sich selbst halten werden, wenn erst die großen Stürme kommen. Doch der officier supérieur gab sich optimistisch: Vielleicht erblüht den beiden aus deren völligen Zusammenbruch eine neue Ernte.[28]

Zu Fontanes Zitadellen-WG auf Oléron gehörte auch ein weibliches Wesen: eine feine Reine, schlanke Kleine, die er mit Rücksicht auf ihre Erscheinung »Blanche« getauft hatte. Ganz unbefangen fasste sie das Leben von der heiteren und Vergnügungsseite auf und sich selbst als bloßes Ornament des Daseins.[29] Blanche war eine weiße Katze, die tatsächlich existierte, wie Fontanes Bestellungen Milch für die Katze belegen.[30] Sie war die ideale Ergänzung zu Rasumofsky; was jener seinem Geiste ist, ist diese seinen Sinnen. Während er mit dem Burschen in jener Simplizität, die alles Große begleitet, die Tagesangelegenheiten behandelte, so gehörte sein Auge ganz der kleinen Weißen, die wie ein alabasterner Briefbeschwerer auf seinem Schreibtisch neben ihm lag. Sie war ihm Schauspiel, Augenweide, Zirkusschönheit, im Hoch- und Weitsprung gleich ausgezeichnet, und den Tag über an der Klingelschnur zu Hause. Und abends, wenn nacheinander ein preußischer und ein französischer Trompeter auf dem Kasernenhof den Zapfenstreich bliesen, wird Blanche stiller und schiebt sich, wie zu einer letzten Liebkosung, an Fontanes Hals zwischen Kopf und Schulter. Dann erhob sie sich summend und spinnend und legt sich am Fußende des Bettes auf die vierfach zusammengefaltete Reisedecke. Das Feuer im Kamin erlischt. So schliefen sie ein.[31]

Die Beschreibung der kleinen heilen Welt in Zimmer »No. 9« gehört zu den poetischen Highlights in Kriegsgefangen – sie wirken berührend und sind angesichts der Lage, in der Fontane sich befand, zugleich grotesk. Immer wieder holt den Gefangenen die Realität ein. Etwa bei einem Begräbnis, von dem er seiner Frau berichtet. [E]in alter bairischer Fuhrmann, will sagen in meinem Alter, wurde bei Wind und Wetter in die fremde Erde gelegt. Seine Angehörigen erfahren vielleicht nie, wo er liegt; denn selbst von seinen Landsleuten, wer kannte ihn hier, wer wusste wo er her war..[32]

Fast ein Dichter-Alltag

Einen Anschein von Normalität suggeriert auch die Schilderung des Zitadellen-Alltags, der sich grundlegend vom Festungsleben in Besançon vor der Umsiedlung ins *aristokratische Viertel* unterscheidet. Jeden Morgen gegen acht Uhr trat Fontane auf den Wallgang hinaus, *der sich auf dem fünfzehn Schritt breiten Terrain zwischen* seiner *Kaserne und dem Meere hinzog.* Es folgte das morgendliche Fitnessproramm. Sein selbst auferlegtes *Bewegungsminimum bestand in einem zehnmaligen Auf und Ab,* wodurch er es – nach eigenen Angaben – *auf dreitausend Schritt brachte.* Da Rasumofsky nicht auch als sein Personal Trainer in Erscheinung trat, musste Fontane die mühsame Zählung selbst übernehmen – was er clever löste: Er legte sich *an einem Ende des Ganges zehn weiße Steinchen auf die Brüstung*, von denen er sich nach jeder Runde eines einsteckte, bis er *durch war.*

Der Vormittag, der dem Morgenspaziergang folgte, gehörte der Arbeit. Himmlische Ruhe! Wie leicht, wie behaglich es aus der Feder floss![33] Womit er das Manuskript für *Kriegsgefangen* meinte. Und nicht – wie oft behauptet wird – die Korrektur des zweiten Halbbandes des *Deutschen Krieges von 1866*, um die er sowohl seine Frau als auch seinen Verleger Decker mehrmals gebeten hatte.[34] Denn Fontane hatte den *Korrekturbogen oder Ähnliches [...] auf Isle d'Oléron nicht mehr erhalten.*[35]

Zudem schrieb Fontane Briefe – was er in seinem Notizbuch, nicht aber in *Kriegsgefangen* erwähnt: an den Verleger Decker, den Kommandanten Forot – und an seine Frau Emilie, der er mehrere Aufträge erteilte. Sie möge ihm schreiben, *immer nur Privates. Nichts Militairisches oder Politisches.*[36] Er bat (vergeblich) um Lektüre: *Hamlet* von Shakespeare, Gedichte von Storm und *vielleicht den Faust, namentlich den Zweiten Teil, ungebunden, in einer ganz billigen neuen Ausgabe.*[37] Vor allem aber brauchte er Geld. Seine Bitte, *durch befreundete Leute zu veranlassen,* dass ihm *ein Bankhaus in Bern oder Genf 200 Francs* überweist, wiederholte er immer wieder, weil er nicht wusste, ob seine Nachrichten Emilie erreichten. *Das Nicht-Ankommen der Briefe* sei *ein großes Leidwesen.*[38]

Darüber hinaus erledigte er Einkäufe bei *Mr. Vimenet, dem kleinen freundlichen Kaufmann in der Stadt*[39]: *Kaffe, Thee, Papier, Zucker.*[40] Oder er bestellte bei Vimenet die gewünschten Produkte sowie französische

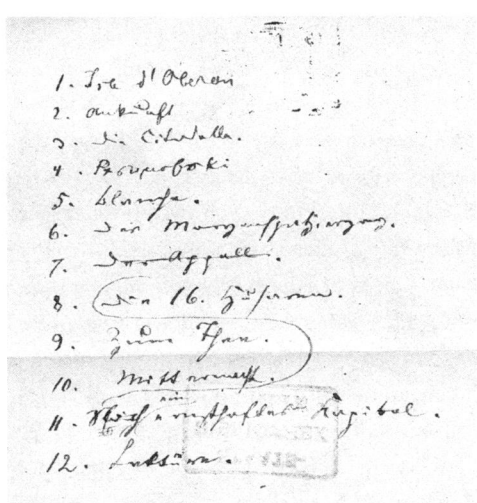

Zeitschriften und Milch für die Katze per Brief.[41] Um Medikamente, wie *Sapon. medic.*, ein gebräuchliches Abführmittel, bat er dagegen den Festungskommandanten Forot.[42]

So kam Mittag heran. Um zwölf klopfte es und eine freundliche, bleichsüchtige Frau trat ein, *die nach unendlichen Knicksen und Begrüßungen und unter einem Schwall von Redensarten* Fontane die *Hauptmahlzeit servierte. An vier von fünf Tagen war es ein Stück in die Pfanne geworfenes Rindfleisch, ein Rundstück, mit gedörrten Kartoffeln und Seesalz garniert.* Es war *für das, was man mit fünfzig Jahren von Zähnen noch übrig hat, eine Schule und eine Prüfung.* Dazu gab es *Landwein, der einen unglaublich schönen Namen hatte, aber nach dumpfem Fass schmeckte.* Einen Ausgleich bescherte ihm das *Dessert.* Fontane schälte mit einem – in *Besançon eroberten* – Klappmesser, das zunächst *in der Kaminasche einen Läuterungsprozess durchgemacht hatte, eine große Goldre[i]nette* [Apfelsorte] *und begann nun, Scheibe auf Scheibe mit immer erneuter Freudigkeit zu genießen, während Blanche mit den Schalen spielte und neben* ihm *das Wasser brodelte, das zehn Minuten später braun und duftig in das von dem Landwein desinfizierte Glas floss. Im Schlürfen des geliebten Trankes vergaß* er *vieles, und vieles stieg lächelnd und grüßend hinauf.* Bei *schönem Wetter* unternahm er dann noch eine *kurze Mittags- oder Nachmittagspromenade* auf dem Wall.

Als *officier supérieur* auf der Atlantikinsel Oléron

Teestunde bei Fontane

Am späten Nachmittag *von sechs bis acht war Teestunde – und Empfang*. Zu Besuch kam *man zu zweien, sodass sie sich zu dritt an den Kamin setzen konnten; Rasumofsky als dienender Bruder im Hintergrunde*. In *»No. 9«* erschienen eine Schar von illustren Kriegsgefangenen: *ein bayerischer Chevauleger, Graf A*[rco], und *ein Frankfurter Dragoner, eines Großweinhändlers Sohn*, – sie *waren die Aristokratie der Gesellschaft*. Aber *auch andere*, die sich *gewöhnlich paarweise* einfanden: Sergeanten, Unteroffiziere und Gefreite, deren Geschichten sich Fontane nicht nur *mit herzlichem Vergnügen* anhörte, sondern in *Kriegsgefangen* auch verewigte. *Diese Menschen gönnten* ihm *Einblick in das Leben unsres Volkes, in seine Kraft und Güte*.[43]

Dass es sich dabei nicht um fiktive Figuren, sondern um reale Zeitzeugen handelt, die Fontane zum Teil auch mit Klarnamen ausweist, zeigen exemplarisch die Kriegserinnerungen von Adolf Genzel aus Halberstadt. Der Sergeant aus dem Posenschen Ulanen-Regiment Nr. 10 war während eines Feuergefechts bei Artenay und Chevilly Ende September 1870 in Gefangenschaft geraten und auf die Insel Oléron transportiert worden.[44] Dass er auf der Festung Fontane begegnete, hebt er in seinem Buch hervor, ohne aber Näheres von den Treffen zu berichten. Ihm sei die Ehre zuteil geworden, »unserm berühmten Schriftsteller Theodor Fontane vorgestellt zu werden, der sich seit einiger Zeit ebenfalls als Kriegsgefangener hier befand und mich mit einigen Einladungen zum Tee beehrte«.[45]

Umso ausführlicher die Beschreibung Genzels bei Fontane: *Ein großer, schöner Mann, breitschultrig, bärtig, der immer, um Hauptes Länge alle anderen überragend, wie ein Halbgott über den Kasernenhof hinschritt*. Die körperliche Ästhetisierung wird durch eine Hervorhebung von Genzels geistigen und moralischen Fähigkeiten ergänzt: Er war *sehr gebildet*, konnte Schiller aus dem Gedächtnis zitieren und verstand sich als ehrenvoller Soldat. *Das bloße Totschlagen imponierte ihm gar nicht, im Gegenteil, alles Massacre verletzte nur sein ästhetisches Gefühl*.[46] Ein Bekannter der Familie Fontane hat Genzel später besucht und »fand den Alten noch genau so, wie Fontane ihn geschildert hatte. Ein Hüne von Gestalt, ausgezeichnet durch das auch hier zu Tage tretende ritterliche Benehmen«.[47]

War bei Fontane zum Tee: Auch
Adolf Genzel schrieb ein Buch
Kriegsgefangen; Titelblatt der
Erstausgabe von 1896

Auf Oléron musste Genzel länger ausharren als Fontane. Er wurde
erst im März 1871 entlassen und berichtet in seinem Buch *Kriegsgefan-*
gen, wie im Winter in der Zitadelle Seuchen ausbrachen und das Elend
der Gefangenen »immer größer« wurde. »Die Sterblichkeit nahm zu.
Die Todtenglocke drang immer häufiger an unser Ohr.«[48] Von immer
mehr Begräbnissen erzählt auch Fontane in seinem *Kriegsgefangen*, aber
er vermeidet, den Tod so deutlich zu thematisieren wie sein Leidens-
gefährte. Stattdessen lässt er Genzel lieber Heine rezitieren: *Sergeant*
Genzel, wenn er seinen Heine so gut kann wie seinen Schiller, durfte zitieren:
Nur wenn sie einen begraben, / Bekommen wir was zu sehn. Leider kam dies
»Begraben« bald öfter vor, als auch dem Zerstreuungssüchtigsten unter uns
wünschenswert sein mochte. Niemand konnte wissen, wie bald die Reihe an
ihn kommen würde.[49]

Häufiger als Begräbnisse unterbrachen *Sturm und Regentage [...] den*
gewöhnlichen Tagesgang und gehörten vorwiegend der Arbeit und der Lektüre,
wozu *das große Buch* zählte, das Fontane von *Capitaine Forot* überreicht
bekommen hatte. Es war das »*Memorial von St. Helena«, das bekannte*
Tagebuch des Grafen Las Cases, dem Napoleon in der Verbannung seine Erinnerungen diktiert hatte. Fontane las es *mit dem größten Interes-*
se, weil *gleich die ersten Kapitel ihn genau in jene Insel- und Städtegruppe*

[*versetzten*], *innerhalb deren er sich jetzt befand.*⁵⁰ Über seine Lektüre-Eindrücke berichtete er auch mehrfach Emilie – und empfahl ihr, wenn sie *Zeit und Stimmung dazu hat*, sich die Ausgabe zu kaufen. *Sie werde gleich auf den ersten 50 Seiten* […] *eine Menge Dinge finden, die genau* seine *eignen Stimmungen und Erlebnisse wiedergeben. Alles wiederholt sich im Leben.* Vieles, zum Beispiel *die Scenerie*, sei *wie Vor- und Spiegelbild des eigenen Lebens.* Fontane und Napoleon? – Der preußische Dichter baut sogleich vor: *Dass es sich in dem Buch um große historische Figuren handelt, kann an der Aehnlichkeit nichts ändern.*⁵¹

Ich weiß nichts

Ich bin nach wie vor ohne all und jede Nachricht von dir, aus der Heimath überhaupt, schrieb er Emilie am 18. November – und ergänzte deprimiert: *ich weiß nichts.*⁵² Fontane blieb auch in den folgenden Tagen ohne Nachricht von seiner Frau. Und ohne Nachricht über seine Freilassung.

Immer wieder erkundigte er sich über den Stand seiner *Freilassungs-Angelegenheit. Sucht doch*, appellierte Fontane am 13. November an Emilie, *einen Tausch zu Stande zu bringen. Es sollen mehrere französische Schriftsteller in preußischer Gefangenschaft sein; ist das der Fall, so ist ein Exempel leicht gemacht.* Und lieferte gleich ein passendes Motto für einen solchen Austausch mit: *Federvieh ist Federvieh.*⁵³ Eine Woche später wiederholte er den Appell: *Seid nach wie vor bemüht, meinen Austausch zu erwirken. Er bezweifle nicht, dass dies zu ermöglichen sei.* Aber sie sollen *dies nur [thun], wenn die Friedensaussichten schwach sind.*

Im gleichen Atemzug brachte Fontane eine Alternative ins Spiel, die dem Kriegsjournalisten gerecht wird, die Ehefrau aber in Verzweiflung versetzt haben dürfte. Seien die Friedensaussichten nah, sollten Emilie und die Freunde *die Dinge ruhig* angehen lassen und versuchen, *einen »Permis« [Passierschein] zu erwirken, dass ich, vom Tage des Friedensschlusses an, mich frei im Lande bewegen kann.* Denn er wolle *nach all den Opfern an Zeit und Geld, von manchem anderen gar nicht zu sprechen, doch nicht gern unverrichteter Sache nach Hause zurückkehren.* Glücke es ihm, *auf der Heimreise Orleans, Paris, Sedan, Metz sehn zu können*, so sei *die Einbuße nicht allzu groß.* Denn dann wäre eine zweite Reise nach Frankreich nicht erforderlich, *die sonst, wenn alles glücklich abgelaufen wäre, doch nöthig gewesen wäre.*[54] Aber die Kommunikationskanäle blieben stumm. Zumindest von der und auf die Insel. Das Warten begann den Kriegsgefangenen – Privilegien hin oder her – langsam zu zermürben. Im Notizbuch hielt er für den 21./22. November fest: *Unwohl; Halsentzündung. Die Spaziergänge eingestellt.*[55] Auch Emilie schrieb er, ihm sei *seit drei, vier Tagen unwohl*; es fehle ihm *doch zuviel von den Dingen, woran man nun mal gewöhnt ist.* Die Seele hänge nicht an diesen Dingen, *aber der Körper fordert sie*, beklagte er und hat auch ein Beispiel parat: Das Kaminfeuer sei zwar *eine sehr poetische und sehr malerische Sache*, könne *aber den Kachelofen-Menschen auf Dauer nicht befriedigen.* So sei es auch *mit dem Bett und der Verpflegung.* Immerhin: Tee und Soda hielten ihn *aufrecht.*[56]

Von diesem Leiden in *Kriegsgefangen* keine Spur. Stattdessen Männerromantik pur. Und ein Dialog zwischen Leutnant und Bursche, der zu Herzen geht.

Mit Weihnachten wird es nichts

Wie die beiden wilden Männer im preußischen Wappen standen sie am Kamin, Rasumofsky *rechts*, Fontane *links*, *während zwischen ihnen das Feuer glühte.* Kaffeestunde der Kriegsgefangenen, die Ende November mit der immer stärker werdenden Kälte zu kämpfen hatten. *Duft und Wärme füllten das Zimmer. Rasumofsky hatte seinen sentimentalen Tag.*

»Jott, Herr Leutnant, wann werden wir den ersten preuß'schen Kaffee trinken? Mit Weihnachten wird es nichts.«

»Nein, Rasumofsky, auf Ostern müssen wir uns gefasst machen. Vielleicht sehn wir hier noch den Flieder blühn.«

»Ach, Herr Leutnant, hier blüht ja gar kein Flieder nich.«

Es entspann sich ein Dialog über die geografische Lage der Insel, von der Rasumofsky glaubte, sie könne angesichts der Kälte *gar nicht südlich* liegen. Fontane übernahm aber nicht nur die Rolle des Geografen, sondern auch die des Psychologen. Und ließ seinen Burschen mit fontanistischem Humor wissen:

»*Ostern oder nicht, ich kann es so schlimm hier nicht finden. Rasumofsky, ich sage Ihnen, alle Dinge haben zwei Seiten.*«

Rasumofsky *nickte wieder.*

»*Sehen Sie, es ist jetzt halb zwei; vor einer Viertelstunde erst hab ich mein Beefsteak gegessen, und schon halt ich hier ein Glas guten Javakaffee in Händen. Glauben Sie, Rasumofsky, dass man das haben kann, wenn man frei ist? Gott bewahre. So was hat man nur in der Gefangenschaft.*«

Rasumofsky *griente.*[57]

Für Emilie reichte Fontanes Humor dann nicht mehr. *Werden wir uns zu Weihnachten wiedersehn?*, fragte er am 21. November. Da er noch immer ohne Nachricht von ihr war, fiel seine Antwort wenig optimistisch aus: Er wisse *hier gar nichts* und sei *also urtheilslos.*[58] Nicht so Emilie. Sie wusste seit 24 Stunden, dass man ihren Mann aus der Kriegsgefangenschaft entlassen hatte.

WER HATTE MICH BEFREIT?
Freilassung

Liberator Lazarus?

Der Brief war kurz und knapp. Aber die Freude muss groß gewesen sein. »Heut nachmittag«, schrieb Emilie am 20. November an Fontanes Verleger Rudolf von Decker, sei ein Telegramm des französischen Justizministers Crémieux an Lazarus eingetroffen, »in welchem er Theodors Freilassung anzeigt«. Erleichtert fügte sie hinzu: »Gott sei tausend- und aber tausendmal gedankt!«[1] Wochenlang hatte Emilie auf diese Nachricht gewartet. Und nun erhielten Familie und Freunde, die seit der Verhaftung die Neuigkeiten immer erst im Nachhinein erfahren hatten, die Mitteilung aus erster Hand – und sogar noch vor Fontane. Die Freude war anscheinend so groß, dass niemand an der Glaubwürdigkeit des Telegramminhalts zweifelte. »Ich denke, daß in diesem Augenblick Herr Fontane […] frei ist«, schrieb Crémieux und ergänzte: »Ich habe keinen Augenblick verloren, aber er [Fontane] war nach der Insel Oléron verschickt worden, wodurch seine Freilassung verzögert wurde.«[2]

Weil Crémieux der Überbringer der ersehnten Nachricht war und darüber hinaus suggerierte, er habe unverzüglich alles Nötige dafür getan, ging man im *Rütli* davon aus, der französische Justizminister, der von Lazarus um Hilfe gebeten worden war, habe für Fontanes Freilassung gesorgt. So sprach Eggers gegenüber Lazarus »Dank und Huldigung […] für die Befreiung des Freundes« aus. Seinen Brief schloss er mit einem Aufruf: »Rütli soll Ihnen den Beinamen ›Liberator‹ dekretieren. Heil Leibnitz-Liberator!«[3]

Dass Crémieux Fontanes Freilassung angewiesen hatte, meldete auch die Presse. Als erste berichtete die Schweizer Tageszeitung *Der*

»Ich habe keinen Augenblick verloren.« – Überbringer der ersehnten Nachricht: der französische Justizminister Adolphe Crémieux, 1865

Bund, dass in der Sitzung des Schweizerischen Bundesrats vom 22. November offiziell mitgeteilt wurde, dass »der Berliner Schriftsteller Fontane [...] zufolge Anzeige des Justizministers in Tours, Herrn Crémieux, an den (Schweizerischen) Bundespräsidenten auf Verwenden des Letzteren in Freiheit gesetzt« sei.[4] Crémieux hatte also nicht nur Lazarus in Berlin, sondern auch den Schweizer Bundespräsidenten Dubs über die Entlassung Fontanes informiert. Dass die *Bund*-Meldung auch von anderen Zeitungen aufgriffen wurde, belegt ein Brief des Majors von Giese, der Emilie am 24. November berichtete, er habe »soeben in der Norddeutschen Allgemeinen Zeitung die hocherfreuliche Nachricht« gefunden, »dass das Regierungsmitglied Crémieux in Tours die Freilassung des hochverehrten Schriftstellers Theodor Fontane befohlen hat«.[5]

Auch Fontane war sich unmittelbar nach Bekanntwerden der Liberationsordre sicher, wem er sie zu verdanken hatte: *Gott sei gedankt. Daneben Dank Dir* [Emilie], *unserem Leibni[t]z und Mr. Cremieux, der es, so vermuthe ich, siegreich durchgefochten hat.*[6]

Lazarus' zweite Ehefrau verstand daher nicht, warum Fontane seinem Retter nicht öffentlich gebührend dankte. Nahida Ruth Lazarus, die keine Zeitzeugin für Fontanes Kriegsgefangenschaft war, gab 1906 die *Lebenserinnerungen* ihres Mannes und einen Teil von dessen Korrespondenz aus dieser Zeit heraus. Das Kapitel *Fontane kriegsgefangen* eröffnet sie mit Eggers' und Lepels Aufforderung an ihren Mann – »Sie [Lazarus] müssen ihn [Fontane] retten!« – und schließt es mit einem verbitterten Fazit: Fontane habe in *Kriegsgefangen* den Dank an seinen Retter nicht personalisiert. Als Beleg dient ihr Fontanes Andeutung: Der französische Innen- und Kriegsminister Gambetta habe bei der Ausstellung der Liberationsordre *lediglich dem Andringen Crémieux'* [...] *nachgegeben. Ich erkannte in dem allen leicht die Zusammenhänge mit der Heimat und wusste genau, wohin ich den eigentlichsten Dank für meine Befreiung zu richten habe.*[7] »Das ist alles«, empört sich Nahida Lazarus. »Diesen Dank selbst auszusprechen, den Namen wenigstens des Freundes zu nennen, der sich für ihn verbürgte, der sich nicht genug tun konnte, in eindringlichster, umsichtiger Weise ihm die Freiheit zu verschaffen, dessen Briefe eine wahrhaft rührende Fürsorge um das Wohl Fontanes und der Seinen bekunden – dazu hat er in dem nahezu 300 Seiten umfassenden Buche keinen Platz gefunden. Das Gefühl für Freundschaft und Dankbarkeit war eben Fontanes Stärke nicht!«[8]

Wer befreite Fontane?

Zwar hat Fontane sein Buch *[m]einen Freunden dankbar gewidmet*, aber keinen namentlich erwähnt. Das gilt allerdings nicht für Fontanes private Korrespondenz. Zu Lazarus' siebzigstem Geburtstag 1894 nutzte er die Gelegenheit, ihm *für all das Liebe und Gute, das mir durch mehr als ein Dritteljahrhundert in Kriegs- und Friedenszeiten von Ihnen zuteil wurde, hier herzlich zu danken.* Hervorzuheben sei *Ihr Eintreten für mich in meinen Gefangenschaftstagen.*[9] Konkreter wird Fontane nicht. Und er vermeidet es – wie Eggers 1870 – Lararus als seinen »Liberator« zu feiern.

Womöglich hat er in *Kriegsgefangen* ganz bewusst keinen seiner Freunde namentlich hervorgehoben. Hermann Fricke, Literaturhistoriker und erster Leiter des Fontane-Archivs, der im engen Kontakt mit Fontanes Sohn Friedrich stand, erinnerte sich, dass »Fontane selbst und auch seine Familienangehörigen später immer mehr zu der Überzeugung gekommen [waren], dass die Repressivmaßnahmen des preußischen Kriegsministers v. Roon und Bismarcks Schritt über den amerikanischen Gesandten Washburne, also letztlich sein Verleger Rudolf von Decker und Fontanes Freund, der Gardehauptmann Bernhard von Lepel, für die Freilassung das Entscheidende getan hätten.« Fricke selbst kam im Übrigen zu dem Schluss, dass »mit hoher Wahrscheinlichkeit« Crémieux »entscheidend zur Freilassung Fontanes beigetragen« habe.[10]

Und die Wangenheims mit ihrem Kontakt zum Erzbischof von Besançon? Fontane war unmittelbar nach seiner Freilassung der Meinung: *Unseren Wangenheims und der Geistlichkeit dieses Landes verdanke ich viel, vielleicht alles. Erst seit gestern weiß ich bestimmt, dass ich »dicht davor war«.*[11] Im späteren Briefwechsel mit Kardinal Mathieu kam Fontane immer wieder auf dessen Unterstützung zurück, obwohl die Einzelheiten von Mathieus Hilfe in den Schreiben nicht thematisiert wurden. Insbesondere an den *Erinnerungstage[n]* sah sich Fontane *erneut* veranlasst, *Ew. Eminenz für so viele mir bewiesene Huld und Gnade zu danken*.[12] Auch die eher allgemein gehaltene Danksagung Marie von Wangenheims an Mathieu lässt vermuten, dass nicht nur die gewährten Hafterleichterungen in Besançon gemeint waren.[13] Konkreter wurde dagegen Bischof Besson, der 1882 in seiner Biografie über Césaire Mathieu behauptete, Fontane sei »auf Fürsprache des Bischofs [Mathieu] freigelassen« worden.[14]

Wer hatte mich befreit?, fragte sich Fontane noch am Lebensende. *Die Katholische Partei* [also die Wangenheims und Mathieu] *oder die Judenpartei* [Lazarus und Crémieux] *oder die Regierungspartei* [Lepel und Bismarck]?[15]

Zwei Legenden

Uneinigkeit über diese entscheidende Frage herrscht selbst in der Forschung, deren Vertreter sich gegenseitig Legendenbildung unterstellen. Der Journalist Siegfried Samosch, der 1910 die preußischen Kriegsakten zum Fall Fontane ausgewertet hat, war der Auffassung, »[d]ass die Initiative zur Freilassung in der Tat von Bernhard v. Lepel ausging« und Fontane sie letztlich »der diplomatischen Aktion Bismarcks und der militärischen Roons verdankte«. Daher empfehle es sich, »diese

Crémieux-Legende zu beseitigen«.[16] Auch Fontane-Biograf Hans-Heinrich Reuter war der Meinung, dass »[d]ie endgültige Freilassung erst nach einer Intervention Bismarcks [erfolgte]«.[17] Sowohl Samosch als auch Reuter behaupteten, was inzwischen in fast jeder Publikation zu diesem Thema ungeprüft übernommen wird: Fontane habe von Bismarcks Eingreifen nie etwas erfahren.[18]

In den jüngsten Fontane-Biografien von Regina Dieterle und Iwan-Michelangelo D'Aprile wird dagegen Moritz Lazarus eine Schlüsselstellung unter Fontanes Helfern zugeschrieben. Lazarus, »der von allen ›Rütlionen‹ am schnellsten etwas bewirken konnte«[19], habe »[i]m Zentrum der sofort einsetzenden konzertierten Rettungsaktion« gestanden[20]. D'Aprile betont sogar, es sei gesichert, dass auch die Verhandlungen über Fontanes Freilassung »bei Lazarus und Crémieux zusammenliefen und von Lepel, Eggers und Heyden mit dem preußischen Kriegsministerium koordiniert wurden«.[21] Und Bismarck? Mit dem Verweis auf »die Vorgänge um Fontanes Befreiung [...], die sich aus den unterschiedlichen überlieferten Dokumenten ziemlich genau rekonstruieren lassen«, könne man beinahe »von einer ›Bismarck-Legende‹ der Fontane-Forschung sprechen«.[22]

Dabei sind einige entscheidende Dokumente gerade nicht überliefert. Und dass es zu unterschiedlichen Schlussfolgerungen hinsichtlich der Bedeutung der Helfer kommt, liegt an der häufig fehlenden Differenzierung zwischen den drei Etappen der Rettung: Freispruch, Gefangenenstatus und Freilassung. Während sich nachweisen lässt, dass für Fontanes Freispruch das Kriegsgericht in Besançon und für seine verbesserten Haftbedingungen Kardinal Mathieu verantwortlich waren, ist die Beantwortung der Frage, wer für Fontanes Freilassung sorgte, weitaus komplizierter – weil mindestens zwei Initiativen parallel verliefen und sich vermutlich überkreuzten. Erschwerend kommt hinzu, dass selbst Fontanes Freunde nicht genau wussten, ob und inwiefern ihre Hilfe die erhoffte Wirkung erzielte. Das gilt vor allem für Moritz Lazarus und Bernhard von Lepel.

Wer informierte Bismarck?

Nicht nur Emilies Briefe belegen, dass Lepel vermutlich nicht genau wusste, welche administrativen Schritte seine Rettungsinitiativen nach sich zogen – oder er war angehalten, Stillschweigen zu bewahren. Aus den Akten des preußischen Kriegsministeriums geht jedenfalls hervor, dass seine beiden schon erwähnten Gesuche vom 20. und 22. Oktober eine Kettenreaktion auslösten. Das Kriegsministerium leitete den Fall Fontanes am 24. Oktober an das Auswärtige Amt des Norddeutschen Bundes in Berlin weiter, das wiederum Otto von Bismarck informierte[23], der nicht nur preußischer Ministerpräsident und Außenminister war, sondern seit 1867 auch Kanzler des Norddeutschen Bundes.

Bismarck wurde aber nicht nur auf administrativem Weg über Fontanes Kriegsgefangenschaft in Kenntnis gesetzt, sondern auch von einer Privatperson, die zum weitverzweigten Bekanntenkreis der Fontanes zählte: die Salonnière Julie von Massow. Sie muss von Emilie unmittelbar nach dem 22. Oktober um Hilfe gebeten worden sein. Denn bereits drei Tage später meldete sie sich bei Emilie von ihren »Wanderungen« in Ihres lieben Mannes Interesse zurück«. Was Julie von Massow in kurzer Zeit über ihr weibliches Netzwerk erreicht hatte, fand in der Fontane-Forschung bisher kaum Beachtung.

Zunächst suchte sie Johanna von Bismarck auf und stieß erst einmal auf Skepsis. Obwohl Gräfin Bismarck meinte, »das könne nicht helfen«, hätte sie »trotzdem versprochen, mit dem heutigen Kurier an ihren Mann zu schreiben, und wer weiß«, ergänzte Julie, »wie schön das helfen kann!« Unabhängig davon beabsichtigte sie selbst, »heut noch an Graf Bismarck nach Straßburg zu schreiben«. Andererseits wandte sich Julie von Massow an Freda von Bethmann-Hollweg, deren Gatte während des Krieges deutscher Präfekt des französischen Maas-Departements war. Vor ihren Augen habe Frau von Bethmann-Hollweg »sofort« ein Telegramm aufgesetzt, das mit der Aufforderung schloss: »Tu alles zu seiner Rettung.«[24]

Als Kanzler-Informant kommt noch eine dritte Person infrage: der General Karl Wilhelm von Werder, den der Verleger Decker kontaktiert hatte.[25] Allerdings ist unklar, ob und wann er Bismarck im preußischen Hauptquartier im Schloss Versailles über den Fall Fontane in-

Verlangte Fontanes Freilassung:
Otto von Bismarck, Kanzler des
Norddeutschen Bundes und
preußischer Ministerpräsident,
um 1870

struierte. Daher bleibt auch ungewiss, wer Bismarck zuerst erreichte bzw. wer letztendlich den entscheidenden Anstoß zu dessen berühmter Fontane-Note gab.

Widerlegt ist aber die Behauptung, die sich in nahezu allen Fontane-Biografien findet: dass Fontane zeitlebens keine Kenntnis von Bismarcks Unterstützung hatte. Es ist schlichtweg nicht vorstellbar, dass Emilie gegenüber Fontane ausgerechnet diesen prominenten Beistand verschwiegen haben soll. Immerhin informierte sie auch den Verleger Decker darüber, dass »unser großer *Bismarck* selbst« sich für die Befreiung ihres Mannes verwandt hätte.[26]

Bismarcks Fontane-Note

Wer auch immer Bismarck letztendlich überzeugte, tätig zu werden – entscheidend war das Resultat. Mitten im Krieg machte der Kanzler des Norddeutschen Bundes Fontanes Kriegsgefangenschaft zur Chefsache. Am 29. Oktober unterzeichnete er seine viel zitierte Note an Elihu Benjamin Washburne, der als Botschafter der Vereinigten Staaten in Paris während des Deutsch-Französischen Krieges die diplomatischen Interessen Preußens übernommen hatte.[27] In der Note versicherte Bismarck, ihm sei glaubwürdig mitgeteilt worden, dass »Dr. Fontane, ein preußischer Untertan und wohlbekannter Geschichtsschreiber, auf einer wissenschaftlichen Reise in französischen, durch deutsches Militär besetzten Destrikten verhaftet und nach Besançon abgeführt worden [sei], wo er in Lebensgefahr scheint«. Nichts könne »ein derartiges Vorgehen gegen einen harmlosen Gelehrten rechtfertigen«. Bismarck bat Washburne, formell Fontanes »Freilassung von der französischen Regierung zu verlangen«. Und drohte, »im Weigerungsfalle eine gewisse Anzahl von Personen in ähnlicher Lebensstellung in verschiedenen Städten verhaften« und als Geiseln nach Deutschland bringen zu lassen.[28]

Die vielen Ungenauigkeiten in dem Schreiben sind einerseits einem veralteten bzw. fehlenden Kenntnisstand geschuldet. Fontane war gerade nicht in einem von deutschen Truppen besetzten Gebiet verhaftet worden und am 29. Oktober auch nicht mehr in Lebensgefahr, sondern trat gerade seine *Irrfahrt* durch Frankreich an. Andererseits wurde Fontane, der weder promoviert noch ein Gelehrter war, vom Kanzleramt vermutlich bewusst als Wissenschaftler ausgegeben, um die Bedeutung des Falls herauszustreichen.

Bismarcks Note verfehlte ihre Wirkung nicht. Washburne bestätigte am 31. Oktober den Eingang des Schreibens und versuchte sofort, den französischen Außenminister Jules Favre zu erreichen.[29] In seinen »Erinnerungen« berichtete er später, das Außenministerium habe der Note entnommen, dass Bismarck es »ernst meinte«. Jedenfalls wurde der Fall schnell, unbürokratisch und offenbar auch ungeprüft entschieden: »the release of Fontane was promptly ordered.«[30] Am 2. November versandte Favre dann sein offizielles Antwortschreiben, in dem er Washburne mitteilte, dass ihm über die Internierung Fontanes »keine Nachricht der französischen Behörde in Besançon« vorläge und er daher »heute noch an den Präfekten des Doubs-Departments« schreiben werde. Dann folgte die entscheidende Anweisung: »Ich fordere ihn zugleich auf, die unverzügliche Freilassung des Dr. Fontane zu veranlassen, falls keine Anklage gegen ihn erhoben wird, sowie ihn dem nächsten preußischen Vorposten zuzuführen.«[31]

Da Fontane zu diesem Zeitpunkt längst freigesprochen war, hätte man ihn nun also auch freilassen müssen. Aber er war am 2. November nicht mehr in Besançon, sondern befand sich schon in Moulins – auf halber Strecke zur Île d'Oléron. Damit waren der Gefangene und seine Bewacher kriegsbedingt von den Nachrichten abgeschnitten. Fontane kam aber auch nicht frei, als er eine Woche später auf der Insel eintraf. Offenbar hatte Favre die Liberationsordre ohne Absprache mit dem Innen- und Kriegsminister Gambetta veranlasst.[32] Angesichts der politischen Brisanz, den der Fall durch die Bismarck-Note erhalten hatte, wollte Gambetta Fontane nicht ohne eine Gegenleistung einfach ziehen lassen.

Feilschen um Fontanes Freilassung

Die französische Regierung knüpfte die Freilassung jetzt an die Bedingung, Fontane gegen einen französischen Offizier auszutauschen. Ausgerechnet der privilegierte Status eines *officier supérieur* wurde dem Kriegsgefangenen nun zum Verhängnis. Erreicht hatte ihn Kardinal Mathieu, der nach der Kriegsgerichtsentscheidung, wonach Fontane für die Dauer des Krieges in Frankreich bleiben musste, eine alternative Lösung aufgezeigt hatte, Fontane vorzeitig aus der Gefangenschaft zu entlassen. »Jetzt wird das einzige Mittel sein«, schrieb er am 26. Oktober an [Leonhard von] Muralt in Zürich, »zwischen Herrn Fontane und einem höheren französischen Offizier eine Auswechslung« vorzuschlagen.[33] Dieser Brief ging durch mehrere Hände: von Muralt über die Familie Wangenheim an Lepel, der ihn schließlich am 1. November dem preußischen Kriegsministerium übergab.[34]

Das Kriegsministerium hielt den Vorschlag für unangemessen und empfahl Bismarck zehn Tage später genau das, was der Kanzler in seiner Fontane-Note schon angedroht hatte. Es wäre zweckmäßiger, in der Gegend, wo Fontane festgenommen worden war, »drei angesehene französische Bürger als Geiseln« zu verhaften und nach Deutschland abzuführen.[35] Im Ministerium ging man zum einen davon aus, dass Fontane kein Offizier, sondern als Kriegsberichterstatter ein Nichtkombattant war und somit nicht gegen einen französischen Offizier ausgetauscht werden konnte. Zum anderen wurde auf ein Ereignis verwiesen, das Fontane auch in *Kriegsgefangen* erzählt, ohne zu

Léon Gambetta.

Unterzeichnete die Freilassungsorder: der französische Kriegs- und Innenminister Léon Gambetta, 1872

ahnen, dass es mit seinem eigenen Fall in Verbindung gebracht werden würde.

Fontane begegnete Anfang November in Lyon – auf dem Transport nach Oléron – *sieben norddeutsche[n] Schiffskapitäne[n], die von Marseille her als Gefangene eingetroffen* waren. Einer von ihnen überreichte ihm die neueste Nummer der *Hamburger Börsenhalle*, worin er *die Geschichte seiner Verhaftung las.*[36] Die Kapitäne dienten Fontane nicht als fiktives Medium für diese Anekdote. Es gab sie wirklich. Die Franzosen hatten sechs deutsche Handelsschiffe im Mittelmeer aufgebracht und deren Kapitäne als Kriegsgefangene nach Marseille abgeführt.[37] Über die Rechtmäßigkeit dieser Verhaftung entbrannte zwischen den Kriegsparteien eine diplomatische Kontroverse – und das Vorgehen der preußischen Regierung diente nun als Blaupause für die Freipressung Fontanes. Das Kriegsministerium verwies in seinem Schreiben an Bismarck auf die Analogie der »Maßregeln, die kürzlich getroffen worden sind, um die Freilassung der in Frankreich festgehaltenen Kauffahrtei-Kapitäne [Handelsschiff-Kapitäne] zu erzwingen«. Zuvor hatte der französische Außenminister Favre die Freilassung der Kapitäne abgelehnt.[38]

Bismarck erklärte sich am 12. November mit der Auffassung des Kriegsministeriums »vollkommen einverstanden«. Es sei richtig, »ana-

Wer hatte mich befreit?

log der im Interesse unserer Kauffahrtei-Kapitäne getroffenen Maßregel drei angesehene französische Bürger verhaften und nach Deutschland abführen zu lassen«. Er stelle es dem Kriegsminister Roon anheim, »entsprechende Weisungen an die Militärbehörden zu erlassen«.[39] Allerdings wurde zunächst kein Befehl für eine Geiselnahme erteilt. Entweder es gab Signale, die auf ein Einlenken der französischen Regierung hindeuteten, oder es muss eine erneute Verzögerung bei der Nachrichtenübermittlung aufgrund der Kriegswirren vermutet werden. Erst eine Woche später kam wieder Bewegung in den Fall. Mit der überraschenden Crémieux-Botschaft: Fontane sei frei. Aber wie bei dem Urteil des Kriegsgerichts gab es auch hier einen Haken.

Entlassung auf Ehrenwort?

Dem Fall Fontane ist immanent, dass sich einige Entscheidungs- und Nachrichtenwege aufgrund fehlender Dokumente nicht logisch nachvollziehen lassen. So war es nicht Lepel, der über das preußische Kriegsministerium erfuhr, dass Fontane frei sei, sondern Lazarus – und zwar am 20. November durch das eingangs erwähnte Telegramm des Justizministers Crémieux, das Fontanes Familie und Freunde in Hochstimmung versetzt hatte. Was sie aber alle nicht wissen konnten: Fontane war zu diesem Zeitpunkt weder frei noch über seine Entlassung in Kenntnis gesetzt. Obwohl Crémieux' Formulierung, er denke, »dass in diesem Augenblick Herr Fontane […] frei ist«, genau dies nahelegte. Auch seine Erklärung, er habe »keinen Augenblick verloren, aber er [Fontane] war nach der Insel Oléron verschickt worden, wodurch seine Freilassung verzögert wurde«, wirft Fragen auf.[40] Wurde Crémieux also erst aktiv, als sich Fontane bereits auf seiner Odyssee durch Frankreich befand, also nach dem 29. Oktober? Und warum schrieb Crémieux nicht explizit, dass er die Freilassung, die sich »verzögert« hatte, angeordnet hatte?

Anhand der überlieferten Dokumente lassen sich für den Zeitraum Ende Oktober bis Anfang November 1870 weder Bemühungen, geschweige denn eine Freilassungsordre durch Crémieux nachweisen. Belegt ist dagegen die bereits zitierte Anweisung des Außenministers

Favre vom 2. November, Fontane »unverzüglich« freizulassen.[41] Dass Crémieux nicht Herr des Verfahrens war, beweist auch ein weiteres Telegramm an Lazarus, das nur einen Tag später verfasst wurde – und Emilie wieder verunsicherte.

Die Nachricht, die sie dem ersten Crémieux-Telegramm entnommen hatte, dass ihr Mann »in diesem Augenblick« frei sei, war nur die halbe Wahrheit. Die ganze erfuhr sie aus einem zweiten Telegramm, das am 22. November in Berlin eintraf und ihre »Freude schon wieder sehr getrübt« hatte. »Mr. Cremieux meldet: Fontane ist auf Ehrenwort frei«, schrieb sie an Decker, »kann aber davon entbunden werden, wenn seine Auswechslung gegen einen Colonel pp. erfolgt.« Zu Recht fragte sie: »Was heißt das nun? Die Freunde fürchten: *frei* in Frankeich! Aber was nutzte das ihm, was uns? Sie sehen, hochverehrtester Herr v. Decker, wir sind noch nicht am Ende unsrer Prüfungszeit.«[42]

Merkwürdig ist: Nachdem Crémieux sich wochenlang nicht bei Lazarus gemeldet hatte, war der Justizminister nun offenbar zu schnell vorgeprescht – genau wie Außenminister Favre Anfang November. Crémieux selbst »verriet« in seinem zweiten Telegramm vom 21. November, wer im Fall Fontanes die Entscheidungsgewalt auf Regierungsebene hatte. So sei ihm in einem »Brief des Kriegsministeriums« angekündigt worden, »dass Herr Fontane auf Ehrenwort entlassen wird, dass er jedoch seine volle Freiheit durch eine Auswechslung wiedererlangen kann«.[43]

Der an Lazarus weitergeleitete Brief, der nicht von Innen- und Kriegsminister Gambetta unterzeichnet ist, sondern von einem Mitarbeiter der Abteilung »Justice militaire« [Militärjustiz] des französischen Kriegsministeriums, lässt den Schluss zu, dass es sich um die Antwort auf eine Anfrage Crémieux' gehandelt hat. »Sie [Crémieux] können mitteilen, dass Herr Theodor Fontane, deutscher Schriftsteller, kriegsgefangen in Oléron, die Erlaubnis erhalten hat, als Gefangener auf Ehrenwort nach Deutschland zurückzukehren.«[44] Allerdings ist nicht auszuschließen, dass es sich um keine Anfrage handelte, sondern, wie der Fontane-Forscher Fricke vermutet, dass hier »ein entscheidender Eingriff des Justizministers« vorliege.[45] Fontane selbst legte in *Kriegsgefangen* für diese Annahme die entscheidende Spur: Er hätte im Kontext seiner Freilassung erfahren, dass bei der Ausstellung seiner *Liberations-*

Wer hatte mich befreit?

Vom Kriegsminister gefordert: Handgeschriebener Lebenslauf Fontanes vom
18. November 1870 aus dem Service historique de la Défense [Zentrales Archiv
des französischen Verteidigungsministeriums] in Paris

order Gambetta lediglich dem Andringen Crémieux' nachgegeben habe.[46] Ein
Beleg dafür existiert jedoch nicht.

Es bleibt – wie so oft in diesem Fall – das Resultat: Fontane war
frei auf Ehrenwort. Die französische Regierung hatte nachgegeben und
nicht mehr darauf bestanden, ihn erst nach Preußen zurückkehren zu
lassen, wenn im Gegenzug ein französischer Offizier aus preußischer
Gefangenschaft entlassen war. Dass die Entscheidung der Regierung
einen Vorlauf hatte, in den Fontane, ohne es zu wissen, eingebunden war, geht aus den Akten des französischen Militärarchivs hervor.
Gambetta forderte von dem inzwischen prominenten Kriegsgefangenen einen handgeschriebenen Lebenslauf, den Fontane bereits am
18. November schrieb, also zwei Tage vor dem Crémieux-Telegramm
an Lazarus. In diesem dreiseitigen und in französischer Sprache ver-
fassten Text listete Fontane seine beruflichen Stationen auf, die – aber
das nur nebenbei – einige Lücken aufweisen. Seine Apothekerlaufbahn

wurde durch ein Studium der *Naturgeschichte* ersetzt. Seine Korrespondententätigkeit für die preußische *Centralstelle für Preß-Angelegenheiten* in London wurde auf einen Aufenthalt in der britischen Hauptstadt reduziert, währenddessen unter anderem *Aufsätze über die schönen Künste in England* entstanden. Und seine aktuelle Tätigkeit als Theaterkritiker für die *Vossische Zeitung* wurde schließlich gar nicht erwähnt. Detailliert schilderte Fontane dagegen den Grund seiner Frankreich-Reise, die Verhaftung *»als Spion«* und die ersten Stationen seiner Kriegsgefangenschaft – bis das Kriegsgericht ihn *für völlig unschuldig* erklärte, *aber der Herr General entschied, dass es erforderlich sei, ihn in Frankreich während der Dauer des Krieges zurückzuhalten.*[47] Am 19. November traf das vom Insel-Kommandanten Forot beglaubigte Dokument mit dem Lebenslauf im Kriegsministerium ein.[48] Kurz darauf muss Gambetta angeordnet haben, Fontane auf Ehrenwort freizulassen.

Mit dieser Lösung konnte die französische Regierung nicht nur ihr Gesicht wahren, sondern das Vorgehen war auch völkerrechtlich legitimiert. Entlassung auf Ehrenwort bedeutete »die Einsetzung der persönlichen Ehre und der ehrlichen Treue, die versprochene Zusage zu erfüllen, mit Rücksicht auf welche die Entlassung gewährt ist«. Dabei war die Abgabe des Ehrenworts »kein bloßer Privatact«, sondern besaß eine »öffentlich-rechtliche Bedeutung«; wer dem zuwiderhandelte, konnte »kriegsgerichtlich gestraft und sogar zum Tode verurtheilt werden.« Der Sinn dieser Regelung, »dass der auf Ehrenwort Entlassene während des Krieges nicht mehr gegen den entlassenden Sta[a]t kämpfen werde, außer es wäre für ihn später ein anderer Kriegsgefangener ausgewechselt worden«[49], wurde im Fall Fontane vom französischen Kriegsministerium mutig modifiziert. Schließlich war Fontane kein Offizier, schon gar kein kämpfender. Die Militärjustizabteilung ordnete an, dass er »an dem Tage« vom Ehrenwort entbunden werde, »an dem er die Zurücksendung eines unserer in Deutschland kriegsgefangenen Offiziers veranlasst haben wird.«[50]

Völkerrechtlich geregelt war auch, dass kein Kriegsgefangener »zur Ertheilung des Ehrenwortes gezwungen werden [kann]«.[51] Der Ball lag nun also bei Fontane. War er bereit, eine Ehrenwort-Erklärung zu unterzeichnen?

Wer hatte mich befreit?

AUF EHRENWORT FREI
Rückkehr

Großer Moment

Während die Helfer in Berlin bereits am 20. November von Crémieux erfuhren, dass Fontane frei sei, blieb der Betroffene noch tagelang im Ungewissen. Warum Fontane nicht zeitgleich über Gambettas Liberationsordre informiert wurde, gehört erneut zu den nicht belegbaren Vorgängen dieser Causa. Vier Tage dauerte es, bis die offizielle Nachricht der französischen Regierung in Tours beim Kommandanten auf der Insel Oléron eintraf. Weil Fontane nicht gleich freikam, wurde die preußische Regierung misstrauisch. Anders ist nicht zu erklären, dass jetzt doch Bismarcks Drohung umgesetzt wurde. Am 25. November teilte das Kriegsministerium dem Auswärtigen Amt mit, dass dem königlichen Generalgouvernement von Lothringen der Auftrag erteilt worden sei, drei angesehene und begüterte Bürger in Domrémy als Geiseln zu verhaften und auf die Festung Glatz [heute Kłodzko in Polen] zu bringen.[1]

Einen Tag zuvor, am 24. November *um 8 Uhr*, wurde endlich auch Fontane vom Vizekommandanten der Zitadelle Château-d'Oléron, Baron de la Flotte, über seine Freilassung informiert.[2] Das Ereignis wird in seinem Buch *Kriegsgefangen* literarisch zelebriert: Überschrieben mit dem Sprichwort *Unverhofft kommt oft*, eröffnet mit Verszeilen von Paul Heyse, eingeleitet mit dem Zitat aus einer Novelle von Otto Roquette und schließlich angebahnt mit einem leicht ironischen Dialog über das Gefangensein zwischen Fontane und seinem Burschen Rasumofsky (Rogerowski) – bis ein Klopfen an der Tür und die Mitteilung, der Vizekommandant wolle Fontane sprechen[3], den *Großen Moment*[4] ankündigt.

Als Fontane im *Bureau* des Barons de la Flotte angekommen war, *verneigte* er sich *vor »König Blaubart«*, der ihm mit *schätzenswerter Raschheit* erklärte: *»Monsieur le Ministre de la Guerre a ordnonné votre libération; – Monsieur F., vous êtes libre.«* [Der Herr Kriegsminister hat Ihre Freilassung angeordnet; Herr F., Sie sind frei.] Erneut *verneigte* sich Fontane.[5]

Weitaus knapper, aber umso euphorischer klingt sein Brief an Emilie: *Nur wenige Zeilen, aber die besten, die ich bis jetzt von hier aus geschrieben habe. Ich bin frei!* Er könne aber leider noch nicht aufbrechen, da er *auf Geld warten* müsse, *hoffentlich nicht zu lange.*[6]

Erst zwei Tage später teilte er Emilie mit, was sie schon wusste: dass seine Freilassung an eine Bedingung geknüpft war. Er sei *frei* und könne *auf Ehrenwort nach Deutschland zurückkehren.*[7]

In *Kriegsgefangen* wird dieser entscheidende Aspekt zwar angedeutet, die Formulierung »Freilassung auf Ehrenwort« jedoch vermieden. So erklärte der Vizekommandant, nachdem er Fontane über die Liberationsordre in Kenntnis gesetzt hatte, er müsse ihn noch bitten, *»ein Papier zu unterzeichnen«*, in dem sich der Gefangene verpflichte, *»einerseits, nach dem Maße ihrer Kraft, auf Befreiung eines französischen Oberoffiziers hinwirken, andererseits gegen Frankreich weder irgendetwas sagen noch schreiben, noch tun zu wollen«.* Fontane *stutzte einen Augenblick* und wollte wissen, *ob bei dieser Erklärung aller Akzent auf das Wort »contre«* [gegen] *gelegt würde.* Es war eine rhetorische Frage, denn Fontane ergänzte, ohne eine Antwort des Kommandanten abzuwarten: Wenn das zuträfe, fiele es ihm *leicht, die geforderte Verpflichtung einzugehen,* da in seinem *Herzen nichts lebe, was als eine Empfindung »contre la France« gedeutet werden könne. Kommandant Blaubart lächelte,* machte eine *Handbewegung, die etwa ausdrücken sollte: »Das ist eine heikle Frage; die Entscheidung steht bei Ihnen«, und entließ* den Ex-Kriegsgefangenen wieder. Wie sich Fontane letztlich entschieden hat, erfährt man nicht. Auch sonst ist in *Kriegsgefangen* von diesem *Papier* keine Rede mehr. Stattdessen schildert Fontane, wie sein Rasumofsky die ersehnte Nachricht aufnahm: *alles andere als heiter.* Der Bursche *fühlte klar, dass seine guten Tage nunmehr gezählt seien, und statt in Kaminfeuer und Kaffeegrund starrte er wieder in grundlose Langeweile. Er erholte sich aber schnell und sagte herzlich: »Na, das is schön; da wird sich die Frau Leutnant freuen.«*[8]

Parole d'honneur

Selbst im Notizbuch findet diese Verpflichtungserklärung nur indirekt Erwähnung. Fontane vermerkte am 24. November zwar kurz und auf Französisch: *Je suis libre sur parole* [Ich bin auf Ehrenwort frei], aber nicht, ob und wann er die ehrenwörtliche Erklärung unterschrieben hat. Stattdessen notierte er – ausführlicher als an den vorangegangenen Tagen –, wer ihm einen Abschiedsbesuch abgestattet und an wen er geschrieben hatte.[9] Unter den Briefen befindet sich ein Schreiben, das indirekt darauf hinweist, dass Fontane keinen Moment gezögert hat, die geforderte Erklärung zu unterschreiben. So hatte er sich unmittelbar nach der Verkündung seiner Freilassung an den Festungskommandanten Forot gewandt, um seine *Abreise* zu regeln.[10]

Dass Fontane das geforderte *Papier* schließlich am 26. November unterzeichnete, belegen Akten des französischen Militärarchivs, wo das Dokument aufbewahrt wird. Auf der linken Seite des Blattes befindet sich der französische Wortlaut, der – wie aus dem Kopf hervorgeht – vom Generalstab der 14. Militärdivision (in Bordeaux) ausgefertigt worden war. Dem General der 14. Division, mit dem Minister Gambetta über die Freilassung Fontanes korrespondiert hatte, war die Kommandantur der Zitadelle Château-d'Oléron zugeordnet. Auf der rechten Seite steht in Fontanes Reinschrift die deutsche Übersetzung:

Ich, Unterzeichneter, Theodor Fontane, deutscher Schriftsteller, Kriegsgefangener zu Chateau auf der Insel Oléron, autorisirt als Gefangener auf Ehrenwort und zwar in Folge besonderer Gunst des Herrn Kriegsministers zurückzukehren, verpflichte mich auf meine Ehre, gegen Frankreich weder etwas zu sagen, noch zu thun, noch zu schreiben, noch mich in irgend einer Weise an dem gegenwärtigen Kriege während der Dauer desselben zu bethätigen.

Ich verpflichte mich gleicher Weise, bei meiner Rückkehr nach Berlin alles zu thun, was in meinen Kräften steht, um einem französischen officie[u]r superieur, der sich kriegsgefangen in Deutschland befindet, die Freiheit zu verschaffen.

Chateau d'Oléron, 26. Nov. 1870

Theodor Fontane[11]

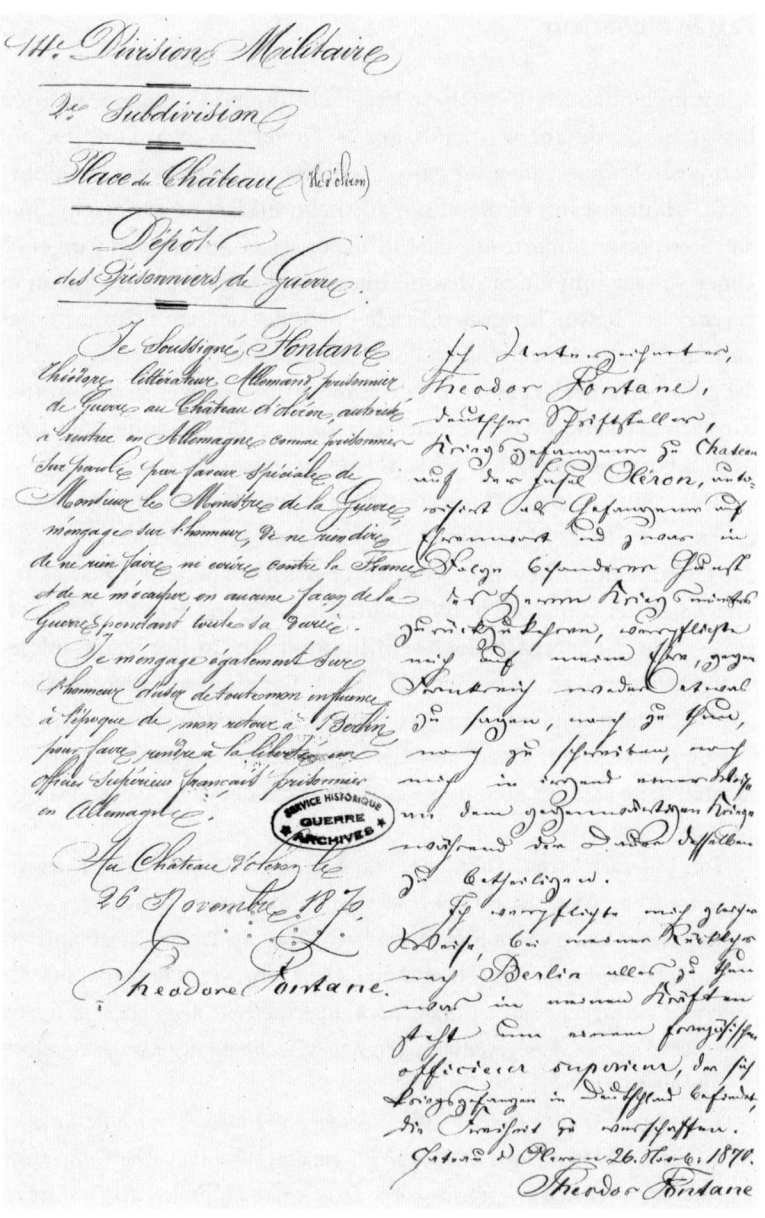

Ich verpflichte mich: Fontanes Ehrenwort-Erklärung vom 26. November 1870 aus dem Service historique de la Défense [Zentrales Archiv des französischen Verteidigungsministeriums] in Paris

Auf Ehrenwort frei

Obwohl die Erklärung umgehend an das Kriegsministerium weitergeleitet wurde, verzögerte sich Fontanes Entlassung von der Insel. *Wann er hier abreisen werde, wisse er nicht, vielleicht in drei oder vier Tagen*, schrieb er am 26. November an Emilie – und nannte ihr auch den Grund, ohne ihn weiter zu erläutern: *[E]s ist noch eine Anfrage an den Divisions-General in Bordeaux gerichtet.*[12] Offenbar lag trotz der Unterzeichnung der Ehrenwort-Erklärung noch keine offizielle Genehmigung vor. Dass Fontanes Rückreisemodalitäten detailliert vom Generalstab der 14. Division geregelt wurden, geht aus einem Schreiben an das Kriegsministerium hervor, in dem sowohl der Abreisetag (29. November) als auch die genaue Route (Rochefort – Bordeaux – Cette – Avignon – Lyon – Genf) mitgeteilt wurden. Auch Minister Gambetta war wieder involviert, wie sein Bleistift-Kürzel auf dem Schreiben belegt.[13]

Immerhin konnte Fontane seine Frau am 26. November schon darüber informieren, dass er über Genf reisen werde, doch wisse er noch nicht, *ob in großen oder kleinen Etappen*. Vermutlich werde er *nicht vor dem 10. oder 12. Dezember in Berlin eintreffen*.[14] *Nachdem der Brief an Emilie* abgeschickt war, wurde ihm am Abend mitgeteilt, *dass der Dienstag* [29. November] *als Abreisetag genehmigt worden sei*. Fontane schlief gut und erwachte heiter. *In Traum und Gedanken übersprang* er *die Meilen und die Schwierigkeiten, die noch zwischen Le Chateau d'Oléron und der Königgrätzer Straße lagen.*[15]

Abschied

Während Fontane seine Erlebnisse der letzten Tage auf Oléron im Notizbuch auf wesentliche Stichworte beschränkte, erzählte er sie in *Kriegsgefangen* in epischer Breite. Und man gewinnt den Eindruck, es handle sich nicht um die Entlassung aus einem Gefängnis, sondern um den illustren Abschiedsreigen am Ende eines Kuraufenthalts. Bei dem preußischen Kriegsgefangenen gaben sich die Besucher die Klinke in die Hand. Ausführlich schildert er den Auftritt von *Monsieur le prédicateur Masson, reformierter Geistlicher zu Saint-Pierre auf der Insel Oléron*, den er erst für einen kleinstädtischen Doktor oder einen großstädtischen

Küster hielt – und bei dem ihm *das Missliche der pastoralen Redeweise* auffiel.[16] Im Notizbuch wurde die Begegnung dagegen nur kurz und knapp festgehalten: *Der protestantische Geistliche Mr. Masson erscheint. Komische Figur.*[17] Fast rührselig beschreibt Fontane den Abschied von Rasumofsky/ Rogerowski, der ihn am letzten Abend mit einer *Illumination* überraschte und ihm einen blauen Reisesack nähte, *weil er das Bedürfnis hatte,* Fontane *seine Liebe zu bezeigen.* Am Morgen des 29. November, Fontanes Abreisetag, begleitete Rasumofsky seinen »Leutnant«, dessen Gepäck er trug, zum Hafen. Fontane löste ein Billet und Rasumofsky legte *Decke und Sack auf einen Mühlstein.* Dann standen sie *einander gegenüber* und nahmen Abschied. Es ist der Abschied zwischen zwei Männern, denen nicht daran lag, allzu viel Emotionen aufkommen zu lassen.

»Ja, Rasumofsky, so geht es.«

· *»Ja, Herr Leutnant.«*

»Nun sei'n Sie vernünftig und kommen Sie bald nach.«

»Ach, Herr Leutnant (hier kam er mir näher ans Ohr), am liebsten brennt ich gleich mit durch.«

»Unsinn. Ewig kann es nicht dauern. Gott befohlen.«

Es zwinkerte Rasumofsky *etwas um die Augen.* Fontane *gab ihm die Hand; dann machte er kehrt und ging stramm auf die Stadt und die Zitadelle zu. An höchster Wegstelle winkte er noch einmal mit einem blauen Schnupftuch, das nicht mehr recht flattern wollte. Dann bog er rechts ein und war mir entschwunden.*[18] Obwohl Fontane dem literarischen Rasumofsky prognostiziert hatte, *Sie werden mich in Berlin besuchen. Tag oder Nacht, alles ganz egal,*[19] hat er den wahren Rogerowski nie wiedergesehen. Und dessen selbst genähten Reisesack bei erstbester Gelegenheit umgetauscht.

Weil das Schiff noch nicht angelegt hatte, setzte sich Fontane *auf den Mühlstein* und gab sich *dem Zauber dieser Minute hin. Es war wie ein Vorgeschmack der Freiheit. Hinter* ihm *und zu seiner Rechten lag das Meer, nach links hin dehnte sich die Insel, vor* ihm *ein Schiffs-Establissement, halb Werft, halb Holzhof. Es nebelte leise. So einfach das Bild war, es war eigentümlich und einschmeichlerisch.*[20]

Neue, alte Ängste

Noch bevor Fontane die Rückreise antrat, kehrten alte Ängste zurück, hervorgerufen durch die vorgeschriebene Reiseroute. Er hatte geglaubt, auf dieselbe Weise zurückkehren zu können, wie er gekommen war – *mit Gendarmenbegleitung, die langweilig, aber sicher* war. Nun war er erneut der *feindlich gesinnten Bevölkerung*, die ihm auf seiner *Irrfahrt durch Frankreich* zu schaffen gemacht hatte, schutzlos ausgeliefert. Er musste sich *von der alten Wahrheit überzeugen, dass die Freiheit teuer ist und ein beständiges Dransetzen von Gut und Blut erwartet.* Zwar durfte er sich *in völliger Freiheit* auf den Weg machen, *was aber in völliger Wahrheit eine heillose Sache* war, *die dadurch nicht besser wurde,* dass ihm *ein Umweg* diktiert wurde, der die *Meilenzahl* verdoppelte. Vom Atlantischen Ozean bis zum *Mittelländischen Meer* hinunter, *um dann wieder, an der Rhone hin, bis Lyon und Genf aufwärts zu steigen!*[21] Eine Fahrt auf direktem Weg war, wie die *Vossische Zeitung* meldete, »unmöglich geworden, da die [französischen] Truppenmassen, die eben damals von Süden her gegen [das von den Deutschen bis Ende November besetzte] Orleans dirigiert wurden, alle Eisenbahnen in Beschlag nahmen und jeden anderen Verkehr aufhoben«.[22]

Hinzu kam, dass er *diese Reise durch bis zum Fanatismus aufgestachelte Provinzen antreten musste.* Die Städte, die er zu passieren hatte, *hingen nur lose am Faden der Ordnung.* Was konnte *einem rotrepublikanischen Arbeiterhaufen,* fragte er fast schon verzweifelt, sein *mit Kritzelhand undeutlich geschriebener Reisepass bedeuten?* Und antwortete in erschreckender Deutlichkeit: »*A la lanterne!*« Der Ausruf »An die Laterne« wurde in der Anfangsphase der Französischen Revolution zum Symbol der Straßenjustiz einer hungrigen und wütenden Bevölkerung, der Laternenpfähle als Galgen für Adlige, Geistliche und Beamten dienten. Wie in Lyon fühlte er sich *auf einen Vulkan gestellt.* Fontanes Furcht vor revolutionären Nebenwirkungen des Deutsch-Französischen Krieges war offenbar so groß, dass *ein* historischer Vergleich nicht ausreichte. Für *einen Augenblick* zog er *die große Cortez-Arie »Ich bleibe hier«* sehr ernsthaft *in Erwägung.* Doch dann schämte er sich *wieder dieses Kleinmuts.* Und Rasumofsky beruhigte ihn, indem er *sein Endurteil in die Worte* zusammenfasste: »*I, sie* [die Franzosen] *werden ja wohl nich.*«[23]

Dennoch tat Fontane alles, um erneuten heiklen Situationen vorzubeugen. Gleich auf seiner ersten Station, in Rochefort, suchte er eine *Reiseeffektenhandlung* auf, um Rasumofskys Sack zu ersetzen. Es schien ihm unmöglich, ihn *als Handgepäck eines première-classe-Reisenden beizubehalten; – dieser Sack allein schon wäre eine beständige Denunziation gewesen.* Er kaufte *eine leidlich elegante Tasche* und überreichte dem Verkäufer seinen Reisesack *mit der Bitte, diese blaue Trophäe zur Erinnerung an einen preußischen prisonnier de guerre aufbewahren zu wollen.*

Dass dann aber die gesamte Rückreise einen *glücklichen Verlauf* nahm, verdankte er einem Kaufmann, dem er in einer dunklen Bahnhofshalle in Angoulême, knapp 120 Kilometer von der Insel Oléron entfernt, begegnet war. Der Fremde hatte gleich mehrere Ratschläge parat: Fontane müsse [»]*sich eilen; keine Aufenthalte; immer erster Klasse – die Züge, zum Glück, greifen ineinander ein.*« Sein *ceterum censeo* aber war: »*Schlafen Sie viel, lesen Sie viel, sprechen Sie wenig.*« Wenig sprechen? Fontane? Aber er hielt sich an die *Weisung* seines *Beraters.* Irgendwann hatte er nichts mehr zu lesen. Über Nacht kam kein Schlaf. Und *immer dieselbe Frage: wie weit noch, wieviel Meilen noch?* Was für eine Qual für den Plauderer! Aber Fontane wusste sich zu helfen: *Auf dem Weg zwischen Lyon und Genf war ich wenigstens so weit gediehen, über das Nichtdenken der vorhergehenden Stunden nachdenken zu können.*[24]

In *Kriegsgefangen* endet die Rückreise in Genf, wo er laut Notizbuch am 1. Dezember *12 Uhr mittags* eintraf. Weil er den Zug nach Basel verpasste, war er *gezwungen, in Genf zu bleiben.* Er stieg im *Victoria-Hotel* ab, brachte fünf Briefe seiner Mitgefangenen zur Post und schrieb *an Emilie eine Depesche.*[25] Im Hotel dann warf er die Reisetasche in die Ecke, sich *selber aufs Sofa, kreuzte die Hände über der Brust, atmete hoch auf und sagte das eine Wort: Frei.*[26]

Milde Gabe

Familie und Freunde in Berlin bewegte die eine Frage: Wie würde Fontane zurückkehren? Als psychisch und physisch gebrochener Mann, der nicht mehr in der Lage sein würde zu arbeiten und damit seiner Familie die Existenz zu sichern? Wie besorgt Fontanes Umfeld war, geht aus den Überlegungen der *Rütli*-Freunde hervor, ob die Familie finanziell unterstützt werden sollte. Es lag nahe, eine Zuwendung bei der Deutschen Schillerstiftung zu beantragen, zu deren Mitbegründern Fontane gehörte. In seiner Wohnung hatte sich im Sommer 1855 ein *interimistisches Schillerstiftungs-Comité* gebildet.[27] Die Deutsche Schillerstiftung, die sich vier Jahre später offiziell in Dresden konstituierte und nach ihrer Wiederbegründung 1995 heute noch existiert, ist die älteste Fördereinrichtung zur materiellen Unterstützung bedürftiger oder in Not geratener Schriftsteller oder ihrer Angehörigen. Unmittelbar nachdem Familie und Freunde durch das Telegramm des französischen Justizministers über Fontanes Freilassung am 20. November informiert worden waren, stellte Wilhelm Lübke, Kunsthistoriker und *Rütli*-Mitglied, am 23. November beim Vorstand der Schillerstiftung einen Antrag auf Unterstützung. Zur Begründung schrieb Lübke, Fontane habe »[o]hne alles Vermögen, bei einem kränklichen, der Genesung bedürftigem Körper [...] lediglich mit literarischen Arbeiten eine zahlreiche Familie zu ernähren.« Hinzu kämen nun »noch die durch seine Kriegsgefangenschaft veranlassten Einbußen«.[28] In dem daraufhin von der Stiftung in Auftrag gegebenen Gutachten werden »vorläufig wenigstens 200 Thlr.« vorgeschlagen.[29] Der Vorstand sah sich aufgrund des geringen Budgets außerstande, diese Summe aufzubringen. Nach einem kleinlichen Hickhack, in dem es auch um Fontanes finanzielle Verhältnisse nach seiner Heimkehr ging – er sei »gesund und arbeitslustig zurückgekehrt« und »mit der Aufzeichnung seiner jüngsten Erlebnisse beschäftigt«, die ihm »einiges eintragen« werde[30] –, war die schließlich Ende 1870 gewährte Zuwendung auf 100 Taler zusammengeschmolzen.[31]

Die Angelegenheit kam im Frühjahr 1871 noch einmal auf die Tagesordnung der Schillerstiftung, weil die entsprechende Quittung nicht ordnungsgemäß zurückgesandt worden war. Hatte Fontane das Geld nicht angenommen? Erneut musste korrespondiert werden. In diesem Zusammenhang wurde auch klargestellt, »dass die Einsendung der Quittung nicht etwa dadurch verzögert worden ist, weil dem Empfänger die zugebilligte Summe zu gering erschienen wäre«. Fontanes »Verhältnisse gestalteten sich als er zurückkehrte viel günstiger, als seine Freunde im Voraus anzunehmen berechtigt waren, indem er nicht

nur gesund sondern erfrischt zurückkehrte, mehrere einträgliche Auf-
forderungen zu literarischen Arbeiten vorfand, und dadurch in seinem
Gewissen sich beengt fühlte, eine Gabe anzunehmen, die unter anderen Voraussetzungen ihm bewilligt war. Nichtsdestoweniger hat er sie
als eine ihm gewährte Auszeichnung dankbar angenommen.«[32] Man ist
geneigt, es zu bedauern, dass eine schriftliche Äußerung Fontanes zu
diesem Vorgang nicht überliefert ist.

Emilie *toll*, Fontane *im Rollstuhl*

Nach sechstägiger Rückreise und gut zweimonatiger Abwesenheit
traf Fontane am 5. Dezember 1870 wieder in Berlin ein. In der Stadt
kursierte das Gerücht, *Emilie sei toll geworden* und Fontane würde als
Krüppel, an allen Gliedern gelähmt, von zwei Soldaten treppauf und
-ab getragen. Rollstuhl. Rückenmärker.[33] Das Gegenteil war der Fall.
Emilie sei *ziemlich munter*[34] und Fontane selbst – wie die Schillerstiftung
ja bescheinigt hatte – »gesund und arbeitslustig«[35]. Und auch sonst war
er offenbar ganz der ironische Alte geblieben. Er sei froh, schrieb er
seiner Schwester Elise, *wieder ›bei Muttern‹ und also im glücklichen Be-
sitze alles dessen, wonach sich nach gerade einige hunderttausend Menschen
sehnen, die es nun satt haben todt zu machen oder todt gemacht zu werden,
wobei sie natürlich dem ersten doch immer noch den Vorzug geben.* Was ihm
widerfahren sei, werde Elise über kurz oder lang in der *Vossischen Zeitung* lesen; *auch von einem Buche* über sein Erlebtes sei *bereits die Rede. Du
siehst, man thut sein Möglichstes, um aus dem Pech das man hatte schließlich
noch Gold zu machen.*[36]

Tatsächlich hatte er alle Hände voll zu tun. Nach der Rückkehr folgten *noch anstrengendere Tage des freien Menschen [...], Dankesvisiten, Emp-
fangsfeierlichkeiten, Briefe nach Frankreich, England und in alle Landestheile
des lieben Vaterlandes, meist Briefe, die ich meinen Mitgefangenen versprochen hatte an ihre Eltern zu schreiben.*[37] Seine *Gefangenschaft*, notierte er
im Tagebuch, habe ihn *zu einer Sehenswürdigkeit (Rhinoceros), zu einem
nine days wonder gemacht.*[38]

Gesund und munter saß er am 14. Dezember auch wieder als Theaterkritiker auf seinem Stammplatz im Berliner Schauspielhaus, Par-

kettplatz 23. Gleich zum Auftakt rezensierte er ein Stück des heute unbekannten Schriftstellers Max von Schlägel, der – wie Fontane – als Kriegsberichterstatter in Frankreich verhaftet und auf die Festung Bitsch transportiert worden war. Fontane nahm in seiner Kritik darauf Bezug. Schlägel habe verlauten lassen, *daß ihm seine triste Lage durch nichts so erheitert werden könnte, als durch die Nachricht, daß sein Lustspiel vom Berliner Publikum günstig aufgenommen worden sei.* Worauf Fontane mit ungewohnt persönlichen Worten reagierte: *Leider können wir diese Nachricht nicht an ihn gelangen lassen. Vielleicht empfindet Niemand eine aufrichtigere Betrübniß darüber als der Schreiber dieser Zeilen, der eben jetzt Lokalitäten wie Bitsch [frz. Bitche] noch in allerfrischester Erinnerung hat.*[39]

Letzter Akt

Für Fontane war das Drama seiner Kriegsgefangenschaft mit der Rückkehr in die Heimat noch nicht beendet. Zwei Tage nach seiner Ankunft in Berlin nahm er mit dem preußischen Kriegsministerium Kontakt auf, um sich von einem Teil seines – der französischen Regierung gegebenen – Ehrenwortes zu entbinden. Zunächst informierte er die Behörde ordnungsgemäß, von der Insel Oléron *hier wieder eingetroffen* zu sein und dass der *Entlassung der drei Geiseln aus Domremy somit nichts mehr im Wege stehen [dürfe].* Um dann das eigentliche Anliegen vorzutragen. Unter Verweis auf sein Ehrenwort, »*nach dem Wunsche meiner Kraft dahin zu wirken, daß ein französischer Oberoffizier im Austausch gegen mich aus der Gefangenschaft entlassen werde*« sowie *einem hier vorgefundenen Telegramm des Justizministers Crémieux* [vom 22. November] mit einem konkreten Vorschlag für den Austausch fragte Fontane an, inwieweit diesem Wunsche des Ministers entsprochen werden könne. Er fügte hinzu, dass ihn die Erfüllung dieses Wunsches *glücklich machen würde,* […] *und zwar um so mehr, als ich während meiner Gefangenschaft viel Wohlwollen von seiten unseres Feindes erfahren habe und ohne Ausnahme aufs humanste behandelt worden bin.*[40]

Nachdem das Ministerium Fontanes Ansinnen abgelehnt hatte, wandte er sich am 20. Dezember direkt an Kriegsminister Albrecht von Roon. Er griff zwar die Argumentation des Ministeriums auf, *daß* man französischerseits, nachdem meine Unschuld erwiesen, kein Recht gehabt habe, mich als Kriegsgefangenen zu betrachten, und daß deshalb unsererseits mutmaßlich nichts geschehen werde als die Freilassung dreier Geiseln, die meinetwegen genommen worden seien. Und bezweifelte auch keinen Augenblick die Korrektheit dieses Verfahrens. Aber aus einem Gefühl persönlichen Verschuldetseins für viel empfangene Nachsicht ersuchte Fontane den Minister, ob es nicht vielleicht ausnahmsweise möglich sei, einem französischen Offizier die Freiheit zu geben.[41]

Handschriftlich vermerkte der Kriegsminister am Blattrand von Fontanes Gesuch: »Macht ihm alle Ehre, kann aber nicht willfahren.«[42] Diese Bemerkung, so der Fontane-Biograf D'Aprile, machte »wiederum der preußischen Regierung in den Augen Fontanes keine Ehre […], da der Austausch fest zugesagt war«. Er kommt zu dem Schluss: Franzosen, Juden und Katholiken hätten »engagiert bei der Freilassung geholfen, das preußische Kriegsministerium jedoch nicht Wort gehalten«.[43] Allerdings bleibt er einen Beleg für den Wortbruch, also für den vereinbarten Gefangenenaustausch zwischen der preußischen und der französischen Regierung, schuldig. Ihn kann es nicht geben, da Bismarck und das preußische Kriegsministerium von Anfang an einen solchen Austausch in der Causa Fontane ablehnten.[44] Und nun – nach Fontanes Freilassung – reagierten sie erneut mit derselben Argumentation, wie aus dem Antwortschreiben des Kriegsministers an Fontane vom 27. Dezember hervorgeht. Der Minister sprach – offenbar ganz bewusst – von einer allein durch Fontane »während seiner Gefangenschaft in Frankreich gegebenen Zusage«. Freundlich, aber nachdrücklich bestätigte Roon den negativen Bescheid seines Ministeriums. Er könne sich »zu einer Modifikation […] nicht veranlaßt finden«.[45]

Auch Bismarck schaltete sich noch einmal in den Fall ein. Knapp eine Woche nach der Gründung des Deutschen Kaiserreichs in Versailles im Januar 1871 bestätigte der frisch ernannte Reichskanzler dem amerikanischen Diplomaten Washburne, dass der preußische Kriegsminister »die in Domremy zur Sicherung der Befreiung Fontanes als Geiseln verhafteten drei Personen ebenfalls in Freiheit gesetzt« habe. Bismarck machte aber unmissverständlich klar, dass der »Forderung, im Austausch für Herrn Fontane einen französischen Offizier zurückzuschicken […] nicht bewilligt werden« könne. Zur Begründung griff

Th: Fontane

der

Gefangene v. Oléron

Das kommt davon, wenn man nach
Jungfraun geht

Karikatur von August von Heyden, 1870

Bismarck wiederum die Verhaftung der deutschen Kapitäne durch die französische Marine auf.[46] Herr Fontane sei »in seiner Eigenschaft als Gelehrter derselben Kategorie wie die in Frankreich ungerechterweise festgehaltenen Kapitäne der Handelsschiffe« zuzuordnen.[47] Mit anderen Worten: Fontane war kein Offizier. Dem hätte von deutscher Seite nur einer widersprochen: Fontanes Bursche Rasumofsky.

Kriegsgefangen.

Erlebtes 1870

von

Th. Fontane.

Berlin, 1871.
Verlag der Königlichen Geheimen Ober-Hofbuchdruckerei
(R. v. Decker).

Fontanes *Kriegsgefangen*, Titelblatt der Erstausgabe, 1871

EPILOG
Zur Entstehung und Wirkung von Theodor Fontanes *Kriegsgefangen*

Medienstar Fontane

Schneller als Fontane war die Presse. Am 4. Dezember 1870, einen Tag, bevor er wieder in Berlin eintraf, kündigte die *Vossische Zeitung* die Rückkehr des Ex-Kriegsgefangenen an. Sie berief sich auf ein »Telegramm aus Genf«, bei dem es sich um Fontanes Depesche an seine Frau Emilie gehandelt haben muss.[1] Es war nicht die erste Pressemeldung über seine Odyssee durch Frankreich. Seit Ende Oktober berichteten die Berliner sowie österreichische und Schweizer Zeitungen immer wieder über die Folgen der unglücklichen »Streifpartie nach Vaucouleurs«, die »der bekannte Dichter«[2] unternommen hatte, »um den Geburtsort der Jungfrau von Orleans kennen zu lernen«[3]. In allen Blättern wurde Fontane nicht nur namentlich genannt, sondern man verwies auch auf seine ersten beiden Kriegsbücher *Der Schleswig-Holsteinsche Krieg im Jahre 1864* und *Der Deutsche Krieg von 1866*, die eine überregionale Resonanz erfahren hatten.

Wurde die Presse während Fontanes Kriegsgefangenschaft von seinen Freunden mit Informationen versorgt, setzte er die Redaktionen nach seiner Rückkehr selbst in Kenntnis. Der umfassende Zeitungsbericht vom 11. Dezember enthält Details über die Route seiner Rückreise und Hintergründe seiner Freilassung, die nur Fontane kannte. Dafür spricht vor allem der Hinweis, dass er »all' die Zeit mit Rücksicht und Artigkeit, während seines Aufenthalts auf Oléron sogar mit großer Freundlichkeit behandelt worden« sei.[4] Schließlich hatte der Kriegsgefangene unmittelbar vor seiner Entlassung mit einer Ehrenwort-Erklärung versichert, nichts Negatives gegen Frankreich und die Franzosen zu verbreiten.[5]

Dank der medialen Aufmerksamkeit bekundeten auch die Verlage Interesse am Fall Fontane. Um ›das Rhinozeros zu sehn‹, drängte sich jetzt alles an mich und an meine noch ungeborene[n] Manuskripte, amüsierte sich Fontane gegenüber seinem Verleger Rudolf von Decker.[6] Offenbar hatte sich herumgesprochen, dass er an einem Buch über seine Erlebnisse in Frankreich arbeite. Du siehst, schrieb Fontane seiner Schwester Elise, man thut sein Möglichstes, um aus dem Pech das man hatte schließlich noch Gold zu machen.[7]

Erstmals musste er sich nicht selbst um Publikationsmöglichkeiten bemühen, sondern konnte sogar zwischen mehreren Angeboten auswählen. So meldete sich am 12. Dezember der Gründer und Herausgeber der Gartenlaube, Ernst Keil, nachdem er die Meldung in der Vossischen Zeitung gelesen hatte. Keil lockte mit einem »außerordenliche[n] Honorar« für den Erstdruck in seiner äußerst auflagenstarken Familienzeitschrift.[8] Es schien, als würde die Prophezeiung des Festungskommandanten auf Oléron in Erfüllung gehen, wonach Fontane eines Tages die Gefangenschaft auf Isle d'Oléron segnen werde.[9]

Ich bin sehr fleißig

Dabei hatte Fontane seine Arbeit am Manuskript noch gar nicht beendet. Er hatte zwar während seiner Gefangenschaft den Großteil seiner Erlebnisse bereits niedergeschrieben, es fehlte aber noch der dritte Abschnitt über die Insel Oléron.[10]

Erste Entwürfe von Kriegsgefangen konzipierte Fontane vermutlich schon in Besançon, nachdem er am 26. Oktober den privilegierten Gefangenenstatus (officier supérieur) erhalten hatte und in das aristokratische Viertel der Zitadelle umziehen durfte, wo er wieder schreiben konnte.[11] Während der Irrfahrt nach Oléron entstanden im Gefängnis zu Guéret auch Verse, die er im Notizbuch festhielt [12] und seiner Frau Emilie widmete[13]. Das Gedicht O trübe diese Tage nicht nahm er später im Kapitel Guéret auf.[14] Halbwegs professionelles Arbeiten war allerdings erst auf der letzten Station seiner Gefangenschaft, der Insel Oléron, möglich. Hier konnte er in Ruhe arbeiten: Wie leicht, wie behaglich es aus der Feder floß.[15] Dass Fontane auf Oléron täglich an Kriegsgefangen schrieb, wurde sowohl im Notizbuch vermerkt[16] als auch Emilie berichtet: *Ich bin sehr fleißig. Sieben Kapitel habe ich schon geschrieben, im Ganzen nah an 100 Druckseiten; der erste Abschnitt endigt mit meiner Abreise von Besançon; ich bin schon bedeutend in Abschnitt II hinein, der meine Reise über Lyon, Moulins etc.* hierher [nach der Insel Oléron] *enthält. […] Der dritte Abschnitt soll meinen Inselaufenthalt behandeln.*[17] Für diesen dritten Abschnitt sind im Notizbuch zwei unterschiedliche Gliederungen überliefert: eine Kapitelübersicht und eine Übersicht mit Inhaltsangaben.[18]

Doppeltes Publizieren

Wie bei seinen reiseliterarischen Werken *Ein Sommer in London* (1854) und *Jenseit des Tweed* (1860) sowie für die *Wanderungen durch die Mark Brandenburg* (seit 1862) beabsichtigte Fontane auch für *Kriegsgefangen* eine doppelte Publikationsstrategie: als Fortsetzungsgeschichte in einer Tageszeitung oder Zeitschrift – und als Buch. Naheliegend war es, die Geschichte seiner Gefangenschaft zunächst in der *Vossischen Zeitung* zu veröffentlichen, wo er seit Mitte August als Theaterkritiker angestellt war. Bereits vor Beginn seiner Frankreich-Tour hatte er mit *der Vossin* vereinbart, unabhängig von seiner Recherche auf den Kriegsschauplätzen kleinere Reiseberichte zu publizieren.[19]

Um den Publikationsprozess zu beschleunigen oder weil er befürchtete, bis Ostern 1871 noch in der Zitadelle Château-d'Oléron bleiben zu müssen, beabsichtigte Fontane, die ersten sechs Kapitel *durch einen Unteroffizier abschreiben* und seiner Frau zustellen zu lassen. Die Manuskripte wollte er zuvor *direkt zur Durchsicht nach Tours schicken, wo man sich sofort überzeugen wird, daß es sich nur um Privat-Erlebnisse handelt.* Emilie erhielt den Auftrag, die Familie von Wangenheim um *die Correktur des eingestreuten Französischen* zu bitten, bevor *die Aufsätze* in den Druck gehen.[20] Es kam anders: Fontane wurde eher freigelassen als angenommen. Und statt die Manuskripte auf den riskanten Postweg zu schicken, brachte er sie nun selbst nach Berlin mit. Und er blieb dabei, *Kriegsgefangen* als Fortsetzungsgeschichte in der *Vossischen Zeitung* zu veröffentlichen; der *Gartenlaube* sagte er ab.[21]

Fest stand auch, wem der Text *als Buch gehört*: dem Verlag von Rudolf von Decker, wo bereits seine Kriegsbücher erschienen waren. Interesse signalisierte auch Fontanes Verleger der *Wanderungen durch die Mark Brandenburg*, Wilhelm Hertz.[22] Am 10. Dezember, als Hertz sein Angebot zu Papier brachte, wurde sich Fontane gerade mit Decker einig.[23] Und erklärte kurz darauf dem leer ausgegangenen Hertz, mit seinem Entschluss *einem Gefühl der reservierten Dankbarkeit* zu folgen. Obwohl er Bedenken hatte, seinen Erlebnisbericht in der *K[öniglichen] Geheimen Oberhofbuchdruckerei* [Deckers Verlag] erscheinen zu lassen, gehöre das *Buch nach einem gewissen Anstandsgesetz* Decker.[24] Ohne das *Kriegsbuch 1870*, argumentierte er auch gegenüber Decker, *wäre* er *nicht gereist, ohne die Reise wäre* er *nicht gefangengenommen worden, ohne Gefangennahme hätte* er seine *Abenteuer nicht aufzeichnen können.*[25]

Nicht der gleiche Text

Als die Verträge ausgehandelt waren, ging es Schlag auf Schlag: Während Fontane noch am *3. Abschnitte [...] zu arbeiten* hatte, schickte er bereits am 16. Dezember 1870 die ersten drei Kapitel an den Chefredakteur der *Vossischen Zeitung*, Hermann Kletke. Begleitend äußerte er mehrere Bitten, die Kletke allesamt erfüllte: Zum einen sollten die ersten beiden Kapitel in einer Zeitungsnummer erscheinen und die folgenden Teile aufgrund der *dramatischen Entwicklung [...] rasch hintereinander* publiziert werden. Zum anderen bat er um Vorlage des *Bürstenabzugs* [erster Korrekturabzug] zur Überprüfung der Namen und französischen Textpassagen.[26]

Dass die letzte Bitte mehr als berechtigt war, belegt Fontanes Korrektur der ersten drei Kapitel, die er am 20. Dezember an Kletke zurückschickte.[27] Beunruhigt über die vielen Druckfehler, beschwerte er sich vehement über die Nachlässigkeit der Setzer und drohte sogar mit der Aufkündigung seiner Mitarbeiterschaft: *Diese Art von Druckfehlerei kann ich einfach nicht aushalten. Heute hieß es:* »*Convolvulus krankte* [statt: rankte] *um die Stimme* [statt: Stämme] *der Cypressen*« *und an andrer Stelle:* »*ich weiß nicht, woher mir bei sonstiger Schlauheit* [statt: Scheuheit]*, der Muth kam.*« *Ich zitterte, wenn ich daran dachte, daß es, nach dem Vorbilde* von »Grethe« für »Goethe« [wie es bei einer Theaterkritik vor wenigen Monaten geschehen war] *auch hätte so gedruckt werden können.*[28]

Ohne Druckfehler und pünktlich zum Weihnachtsfest erschienen am 25. Dezember 1870 die ersten beiden Kapitel *1. Domrémy – 2. Neufchateau.* Bis zum 29. Januar 1871 wurden noch sieben weitere Folgen in der *Vossischen Zeitung* publiziert – zunächst ohne den dritten und vierten Abschnitt (*Oléron* und *Frei*), die Fontane erst Mitte Januar fertigstellte.

Als diese beiden Abschnitte, die *zweite Hälfte*, für die Buchausgabe bei Decker in den Satz gingen, wandte er sich am 23. Januar 1871 erneut an die *Vossin.* Er bot Kletke die *Fahnen-Abzüge zur Auswahl* an, allerdings ohne diejenigen *Kapitel, die sich [...] im Buch vortrefflich machen werden,* aber *für den Zeitungsabdruck nicht sonderlich geeignet sind.*[29] Der Chefredakteur nahm das Angebot an und veröffentlichte zwischen dem 12. und dem 26. Februar 1871 noch fünf weitere Fortsetzungen. Kurz darauf erschien das Buch *Kriegsgefangen,* das Fontane am 4. März unter seinen Freunden im *Rütli* verteilte.[30] Insgesamt benötigte er *etwa 50 Exemplare, was in den besonderen Verhältnissen die hier obwalten, seinen Grund hat. Jeder, der irgend etwas für mich getan hat, muß, als ein Zeichen meines Dankes, ein Exemplar erhalten.*[31]

Zwischen der Erstveröffentlichung in der *Vossischen Zeitung* und der Buchausgabe bei Decker gibt es eine Reihe von Unterschieden. Im Zeitungsabdruck fehlen drei Kapitel *Pointiers – Rochefort* (im 2. Abschnitt) sowie *Regentage* und *Sturm im Glase Wasser* (im 3. Abschnitt). Und die vier großen Abschnitte *»Ins alte, romantische Land«, »Comme officier supérieur«, Île d'Oléron* und *Frei* wurden ohne Titel zum Teil mit römischen Ziffern gruppiert. Zudem sind in der Zeitungsausgabe noch nicht die Motti aus Zitaten der Weltliteratur enthalten, die in der Buchausgabe jedem einzelnen Kapitel vorangestellt sind. Darüber hinaus modifizierte Fontane den Untertitel: Während er für die Zeitung *Erlebnisse 1870* wählte, heißt es im Buch: *Erlebtes 1870.*

Umarmt und geküßt

Fontanes *Kriegsgefangen* wurde ein Erfolg. Zwar avancierte das Buch nicht zum Bestseller – es wurde lediglich eine Auflage gedruckt –, aber die Resonanz war überwältigend. Nachdem seine Geschichte in der *Vossischen Zeitung* erschienen war, wurde Fontane *auf der Straße umarmt und geküßt*. Und ihn erreichten Stimmen, die meinten, dass *Kriegsgefangen das Beste wäre, was ich je geschrieben hätte.*[32]

Überschwänglich reagierten auch die zeitgenössischen Rezensenten, welche die Buchausgabe von *Kriegsgefangen* als »das liebenswürdigste aller Kriegsbücher«[33] feierten. Dass ihr Urteil so positiv ausfiel, hängt mit der Fülle sogenannter »Gefängnismemoiren« ehemaliger Kriegsgefangener zusammen, die im Frühjahr 1871 den Buchmarkt überschwemmten und die häufig nicht mehr als eine »Sammlung von Selbstbetrachtungen« waren.[34] Die Rezensenten waren sich einig, dass Fontanes Text eine herausragende Stellung unter den Kriegserlebnis-Büchern einnahm. Weil er auf eine überzogene Selbstdarstellung verzichtete, eine Distanz zum Erzählten einnahm[35] und damit nicht den »Trivialitäten der ›Kriegsliteratur‹«[36] erlegen war. Erstaunlich ist im Nachhinein vor allem Fontanes Distanz zum Erzählten, weil im Unterschied zu seinen zwei später veröffentlichten autobiografischen Werken – *Meine Kinderjahre* (1892) und *Von Zwanzig bis Dreißig* (1898) – zwischen dem Erlebten und Erzählten nur wenige Wochen lagen.

Darüber hinaus würdigten die Rezensenten, dass hier »etwas Neues und Einzigartiges nach Inhalt und Form«[37] geschaffen worden sei. Neben Fontanes außergewöhnlichem »Erzähltalent« mit seiner »anmutigen Erzählweise«[38] und seiner »feinen Beobachtungsgabe«[39] wurde ein Aspekt immer wieder hervorgehoben, der *Kriegsgefangen* auch heute noch zu einem bemerkenswert aktuellen Text macht: Fontanes Verzicht auf Patriotismus und Chauvinismus sowie seine vorurteilsfreie Darstellung der Franzosen. Gelobt wurde insbesondere seine »objektive Schilderung des Verhaltens der Franzosen gegenüber den Gefangenen«[40]: »Diese Partei- und Leidenschaftslosigkeit der Anschauung machen den hohen inhaltlichen Werth des Buches aus«[41], und seine »eigenthümliche Fähigkeit, sich jedes einseitigen Partikular-Patriotismus zu entschlagen, [hat] die Aufzeichnungen […] zu einer liebenswürdigen Studie über das wundersame Volk der Franzosen gestempelt«.[42] Weil es im Gegensatz zu vielen anderen zeitgenössischen Werken über diese Thematik »versöhnend statt verbitternd« wirkt[43], wurde *Kriegsgefangen* 1892 ins Französische übersetzt.[44] Es war eine der ersten Übersetzungen eines Werkes von Theodor Fontane.

Nicht alle Leser stimmten in denselben Chor ein. Fontanes Sohn George, der als Offizier im Krieg gegen die Franzosen gekämpft hatte, kam zu einem anderen Urteil. »Ich muß Dir, lieber Vater und auch im Namen aller unserer Herren«, schreibt er im Februar 1871, »einen kleinen Vorwurf machen, weil Du die Franzosen in Deinen Schicksalen zu sehr herausstreichst«. Offenbar habe er »ein ganz besonderes Glück gehabt«. George hätte andere Erfahrungen gemacht. »Außerdem stinken die Kerls alle nach Knoblauch und Zwiebel. Fast noch schlimmer ist es mit den Französinnen, mit wenigen Ausnahmen, alle häßlich, schmutzig usw.«[45]

Sowohl die Rezensenten als auch (stellvertretend) George und seine »Herren« übersahen allerdings, dass Fontane bei seiner Darstellung der Franzosen sehr wohl zu differenzieren wusste: Während er einerseits seine französischen Mitgefangenen als *liebenswürdig, gutherzig, neidlos* charakterisiert[46] und die faire Behandlung durch die Offiziere hervorhebt, verweist er andererseits mehrmals auf die Zudringlichkeit des *Dorfpöbels* bei der Verhaftung in Domrémy[47], den *Spießrutenlauf durch eine feindlich gesinnte Bevölkerung* bei den Transporten[48] und *eine gewisse feindselige Zudringlichkeit der Beamten niederen Grades*, die auf Kosten der deutschen Kriegsgefangenen ihre Karrieresucht, *aber mehr noch ihrer persönliche Eitelkeit frönen wollten.*[49]

Räubergeschichte oder Idyll?

Nur wenige Rezensenten griffen eine scheinbare Nebensächlichkeit in Fontanes Text auf. Ihm sei zwar *Härteres, sehr Hartes* […] *zugemutet*, schreibt Fontane in *Kriegsgefangen*, aber das »Unangenehme«, so war die einhellige Meinung, ließ er »zurücktreten«[50] und die »Unannehmlichkeiten [wurden] mit gutem Humor ertragen«.[51] In der Tat hat Fontane keine *haarsträubende Räubergeschichte mit Hungerturm und Kettengerassel* erzählt, sondern *zu neun Zehntel ein Idyll.*[52] Schon aus Oléron ließ er verlauten, seine eigene Person nicht in den Vordergrund stellen zu wollen: *Es liest sich wie ein Roman, der es ja auch eigentlich ist.*[53]

In den Hintergrund tritt die reale Bedrohung, in der sich Fontane selbst befand – sowohl vor dem Freispruch durch das Kriegsgericht als auch während der anschließenden privilegierten Haftzeit. Stattdessen wird mithilfe von literarischen Figuren, Zitaten und Motti ein Erzählrahmen geschaffen, in dem die Todesgefahr durchaus plastisch vermittelt wird. Wie Fontane von der eigenen Bedrohung ablenkt, verdeutlichen die Erlebnisse anderer Kriegsgefangener, die ihm in Besançon und auf der Insel Oléron erzählt wurden und die er als authentische Berichte in *Kriegsgefangen* aufnahm.

Die eigene Todesgefahr wird jedoch nicht ausgeblendet. Zwar ist sie nicht auf der Textoberfläche zu finden und auch das Wort »Tod« wird im Zusammenhang mit dem eigenen Schicksal nicht verwendet, aber sie wird subtil vermittelt: durch die Angst vor den Ratten während der ersten Haftnacht in der Festung von Neufchâteau[54], vor der *feindlich gesinnten Bevölkerung (Spießrutenlaufen)* während der Transporte[55], vor der Lynchjustiz eines *Volksaufstandes* (Herrschaft des »*la terreur*«) in Lyon[56], vor Krankheiten wie *Typhus* auf Oléron[57] oder durch den *physischen Schmerz*, der Fontane *durch die Brust* ging, wenn die Gefangenen beim Morgenspaziergang in der Zitadelle von Besançon das *Echo* der Erschießungssalven hörten.[58]

Die reale Todesgefahr, in der Fontane schwebte, wird in *Kriegsgefangen* nur einmal thematisiert: Als ihm am Abend des 6. Oktober, einen Tag nach der Verhaftung, mitgeteilt wurde, dass das Kriegsgericht am nächsten Morgen über sein Schicksal entscheiden werde. Der Leser erfährt zwar nicht, dass Fontane bei einer Verurteilung die standrechtliche Erschießung drohte, aber seine pure Verzweiflung wird ungewöhnlich anschaulich beschrieben: *Ich war fertig mit allem und bat Gott, mich bei Kraft zu erhalten und mich nicht klein und verächtlich sterben zu lassen. Genug davon. War es Erschöpfung, oder war es die Ruhe vollster Ergebung, – ich schlief wieder ein.*[59]

Im Tagebuch und in der privaten Korrespondenz wird diese Gefahr dagegen explizit ausgesprochen. Wenn auch erst rückblickend. Im Tagebuch notierte er beispielsweise über seine ersten Hafttage in

Neufchâteau und Langres: *Hier war das Todtschießen nah.*[60] Und Ende November, kurz vor seiner Entlassung, räumte er gegenüber Emilie ein, erst jetzt wisse er *bestimmt,* dass er »*dicht davor war*«.[61] Eine Erschießung war auch noch nicht in Besançon abgewendet. So bekannte er gegenüber Kardinal Mathieu, erst später sei ihm *klar geworden,* dass sein *Leben auch während seiner Besançon-Wochen noch arg gefährdet war.* Er habe *in jenen Tagen selbst in der glücklichen Verblendung* gelebt, dass *das Schlimmste* hinter ihm liege. Nun wisse er, *daß es umgekehrt war und daß die Fährlichkeiten [...] erst in Wahrheit begannen.*[62]

Wie stark Fontane die Ängste vor den Gefahren während seiner Inhaftierung verinnerlicht hatte, zeigt sich auch in seinem reiseliterarischen Werk *Aus den Tagen der Okkupation.* Verfasst hatte er das Buch im Anschluss an seine zweite Reise zu den Kriegsschauplätzen nach Frankreich, die er – nach Abschluss eines Waffenstillstandes (19. Januar) und eines Vorfriedens (26. Februar) – im Frühjahr 1871, vom 9. April bis 16. Mai, unternommen hatte. Als er sich den Schauplätzen seiner eigenen Kriegsgefangenschaft näherte, wurde er ungewöhnlich emotional – und hinsichtlich der Bedrohung viel deutlicher als in *Kriegsgefangen: Wie mir das im Ohre klang! Ich bin im allgemeinen keine größere ›Bang Büx‹ als andre Leute, wenigstens weis' ich meiner Courage vorläufig diesen Durchschnittsstandpunkt an. In diesem Augenblick aber war es mit dem mir gewordenen Mutes-Quantum total vorbei, und das Herz stand mir still. Tod, Gefangenschaft, lächerlichste Blamage starrten mich an, und alles Widerwärtige, das ich während meiner ersten Gefangenschaft erlitten und, ich darf es wohl sagen, damals mit einem gewissen Humor ertragen hatte, es nahm jetzt eine grau-nebelhafte, immer wachsende Gestalt an, eine Riesenhand fuhr in mich hinein und drehte mir, als würde rechtsum kommandiert, das Hirn im Kopfe herum.*

Und Fontane fügt hinzu: *Ich bin mir dieses Gefühles noch jetzt ganz genau bewußt.*[63]

ANHANG

Personenverzeichnis

Biermer, Anton (1827–1892), schweizerischer Mediziner; ordentlicher Professor für Pathologie und Vorstand der medizinischen Klinik Bern. Während der Kriegsgefangenschaft Fontanes in Besançon wurde Biermer von Moritz Lazarus gebeten, eine Depesche an Fontane sowie einen Brief an den Festungskommandanten von Besançon aus der Schweiz nach Frankreich weiterzuleiten.

Bismarck, Otto von (1815–1898), preußischer Politiker; seit 1862 preußischer Ministerpräsident und seit 1867 Bundeskanzler des Norddeutschen Bundes. Im Deutsch-Französischen Krieg 1870/71 war er die treibende Kraft zur Gründung des Deutschen Kaiserreichs. Bismarck schaltete sich in den Fall Fontane mit einer Note an Elihu Benjamin Washburne, den Botschafter der Vereinigten Staaten in Paris, persönlich ein. Als »Informanten« Bismarcks kommen mehrere Personen infrage: das Auswärtige Amt des Norddeutschen Bundes, Julie von Massow und General Karl Wilhelm von Werder.

Crémieux, Isaac Adolphe (1796–1880), französischer Jurist und Politiker; seit Anfang September 1870 französischer Justizminister im Gouvernement de la Défense nationale [Regierung der Nationalen Verteidigung] unter General Louis Jules Trochu. Crémieux wurde von Moritz Lazarus, den er über sein Amt als Präsident der Alliance Israélite Universelle kannte, um Unterstützung für die Rettung Fontanes gebeten.

Decker, Rudolf von (1804–1877), preußischer Verleger; wurde 1860 Alleineigentümer der Königlichen Geheimen Ober-Hofbuchdruckerei. Seit 1864 neben Wilhelm Hertz wichtigster verlegerischer Partner Fontanes. In Deckers Verlag erschienen Fontanes drei Kriegsbücher *(Der Schleswig-Holsteinsche Krieg im Jahre 1864, Der deutsche Krieg von 1866, Der Deutsch-Französische Krieg von 1870/71)* sowie *Kriegsgefangen* und *Briefe aus Mecklenburg.* Um Fontanes Freilassung zu erreichen, stellte Decker den Kontakt zu General Karl Wilhelm von Werder und vermutlich zu Bismarck her.

Dubs, Jakob (1822–1879), schweizerischer Politiker und Journalist; übte 1870 das Amt des Schweizer Bundespräsidenten aus. Dubs wurde von Moritz Lazarus gebeten, sich einerseits selbst für Fontanes Freilassung einzusetzen und andererseits ein Gesuch an den französischen Justizminister Crémieux weiterzuleiten.

Eggers, Friedrich (1819–1872), deutscher Kunsthistoriker, Professor für Kunstgeschichte an der Königlichen Akademie der Künste in Berlin; Mitglied im *Tunnel über der Spree* und im *Rütli* (»Anakreon«). Zusammen mit August von Heyden begleitete er einen Lazarettzug nach Frankreich, um nach dem vermissten Fontane in und um Toul zu suchen.

Favre, Jules (1809–1880), französischer Politiker; seit Anfang September 1870 französischer Außenminister im Gouvernement de la Défense nationale [Regierung der Nationalen Verteidigung] unter General Louis Jules Trochu. Favre war der erste Politiker der französischen Regierung, der die Anweisung erteilte, Fontane unverzüglich freizulassen.

Fontane, Elise (1838–1923), Fontanes jüngste Schwester; lebte bis zu ihrer Heirat 1875 in Neuruppin. Sie gehörte zu den wichtigen Helferinnen Fontanes für seine *Wanderungen durch die Mark Brandenburg*. Während Fontanes Kriegsgefangenschaft zählte sie zu den engsten Vertrauten Emilie Fontanes; sie wohnte bei ihr und erledigte einen Teil der Korrespondenz mit dem Verleger Rudolf von Decker.

Fontane, Emilie (geb. Rouanet-Kummer, 1824–1902), seit 1850 verheiratet mit Fontane. Nachdem Fontanes Inhaftierung bekannt geworden war, ergriff sie mehrere Initiativen zur Freilassung ihres Mannes und nahm beispielsweise Verbindung zu Julie von Massow, Rudolf von Decker und Bischof Namszanowski auf.

Fontane, George (1851–1887), preußischer Offizier und ältester Sohn von Theodor und Emilie Fontane; kämpfte im Deutsch-Französischen Krieg als Leutnant im IV. Armee-Korps, 7. Division, 14. Brigade in Magdeburg unter General Franz von Zychlinski. Er sandte seinen Eltern

Feldpostbriefe, die später publiziert wurden, und kritisierte darin die differenzierte und zum Teil empathische Darstellung der Franzosen in Fontanes *Kriegsgefangen*.

Gambetta, Léon (1838–1882), französischer Politiker; seit Anfang September 1870 französischer Innenminister im Gouvernement de la Défense nationale [Regierung der Nationalen Verteidigung] unter General Louis Jules Trochu und seit Oktober 1870 zudem Kriegsminister. Er stellte die Liberationsordre für Fontane aus.

Giese, Hermann von (1827–1886), preußischer Major, Kommandeur der Einschließungstruppen von Phalsbourg [dt. Pfalzburg]. Nach dem Besuch Charles Vinckels, einem Mitgefangenen Fontanes in der Zitadelle von Besançon, informierte er Ende Oktober 1870 Emilie Fontane über Fontanes Kriegsgefangenschaft.

Heyden, August von (1827–1897), deutscher Maler; seit 1882 Professor für Kostümkunde an der Akademie der Künste in Berlin; *Rütli*-Mitglied (»Valerio« bzw. »Valeur«) und langjähriger Freund Fontanes. Zusammen mit Friedrich Eggers begleitete er einen Lazarettzug, um in und um Toul nach Fontane zu suchen.

Klotz, Julius Gustav Adolf (1812–1892), preußischer Generalleutnant; seit Beginn des Deutsch-Französischen Krieges stellvertretender Kriegsminister. Das Kriegsministerium wurde von Lepel aufgefordert, für die Freilassung Fontanes aktiv zu werden. Das Ministerium leitete die Angelegenheit an das Auswärtige Amt des Norddeutschen Bundes in Berlin weiter, das wiederum Bismarck informierte.

Lazarus, Moritz (1824–1903), deutscher Psychologe; Begründer der Völkerpsychologie und seit 1867 Professor an der Kriegsakademie in Berlin; Mitglied in der Alliance Israélite Universelle sowie im *Tunnel über der Spree* und im *Rütli* (»Leibniz«). Lazarus kontaktierte über den Schweizer Gesandten in Berlin den Schweizer Bundespräsidenten Dubs sowie den französischen Justizminister Crémieux (über Dubs) – mit der Bitte, sich für die Freilassung Fontanes einzusetzen.

Lepel, Bernhard von (1818–1885), preußischer Offizier und Schriftsteller; Mitglied im *Tunnel über der Spree* und im *Rütli* (»Schenkendorf«); langjähriger Freund Fontanes, mit dem er über vierzig Jahre eine rege Korrespondenz führte. Lepel forderte mit zwei Gesuchen das Königliche stellvertretende Kriegsministerium auf, sich für Fontanes Freilassung einzusetzen.

Lüdecke, Johann Carl (1826–1894; auch Lüdeke und Lüdicke), deutscher Architekt; war 1870 als Felddiakon beim Mecklenburgischen Füsilier-Regiment Nr. 90 in Nancy tätig. Fontane traf ihn unmittelbar vor seiner Verhaftung in Nancy. Von Friedrich Eggers wurde Lüdecke aus Berlin beauftragt, nach dem vermissten Fontane zu suchen; später holte er Fontanes Gepäck aus Toul und Vaucouleurs.

Massow, Julie von (1825–1901), Berliner Salonnière. Zu den Gästen ihres Salons gehörten Otto von Bismarck und Alexander von Humboldt; gründete 1862 den ökumenischen Gebetsverein Psalmenbund und hatte sich zu Beginn des Deutsch-Französischen Krieges zur Pflege verwundeter Soldaten nach Düsseldorf begeben. Julie von Massow gehörte zum Bekannten- und Freundeskreis der Fontanes und wurde von Emilie Fontane um Hilfe gebeten. Sie nutzte ihr Netzwerk über Johanna von Bismarck und Freda von Bethmann-Hollweg, um Bismarck persönlich über den Fall Fontane zu informieren.

Mathieu, Césaire (1796–1875), französischer Rechtsanwalt und Bischof; seit 1834 Erzbischof von Besançon und seit 1850 jüngster Kardinal Frankreichs. Er wurde von den Wangenheims um Unterstützung gebeten: zum einen über Bischof Franz Adolf Namszanowski in Berlin, zum anderen über Leonhard von Muralt in Zürich. Zwischen Mathieu und den Fontanes entwickelte sich eine rege Korrespondenz.

Muralt, Leonhard von (1806–1891), schweizerischer Arzt und Präsident der Muralt'schen Familienstiftung; wurde 1828 an der Universität Göttingen promoviert und war von 1834 bis 1873 Arzt an der Blinden- und Taubstummenanstalt in Zürich. Muralt war mit der Familie von Wangenheim befreundet, in deren Haus Fontane ihm begegnete. Im

Fall Fontane baten die Wangenheims ihn, als Vermittler die Briefe an den Erzbischof von Besançon, Kardinal Mathieu, weiterzuleiten.

Namszanowski, Franz Adolf (1820–1900), deutscher katholischer Theologe und Bischof; wurde 1868 vom Papst zum katholischen Feldprobst der preußischen Armee in Berlin ernannt (Katholisches Militärordinariat) und in diesem Kontext als Titularbischof von Agathopolis präkonisiert. Im Deutsch-Französischen Krieg 1870/71 war Namszanowski für die Militärseelsorge verantwortlich (Militärbischof) und fungierte im Fall Fontane als Vermittler zwischen den Wangenheims und dem Erzbischof von Besançon, Kardinal Mathieu.

Roon, Albrecht Graf von (1803–1879), preußischer Offizier und Politiker; 1859 als Generalmajor in die Kommission zur Reorganisation des Heeres berufen und im selben Jahr zum Kriegsminister, 1861 auch zum Marineminister ernannt. Roon trug wesentlich zum Erfolg der preußischen Armee während der Deutschen Einigungskriege von 1864, 1866 und 1870/71 bei. Im Fall Fontane unterstützte er das kompromisslose Vorgehen Bismarcks und korrespondierte einmal mit Fontane nach dessen Freilassung.

Vinckel, Charles, Lehrer aus Garbourg in Lothringen. Mitgefangener Fontanes in der Zitadelle von Besançon; in *Kriegsgefangen* wird er anonym als Deutsch-Franzose porträtiert. Nachdem er freigelassen worden war, lieh ihm Fontane Geld für die Rückreise und bat ihn, den deutschen Militärbehörden seine Gefangennahme mitzuteilen. Vinckel nahm Kontakt zu Major von Giese auf, der umgehend Emilie Fontane informierte. Nach Fontanes Freilassung wandte sich Vinckel brieflich an Fontane.

Wangenheim, Karl Hermann Freiherr von (1807–1890), deutscher Jurist; zunächst Regierungsdirektor des Fürstentums Hohenzollern-Hechingen; wurde nach der Vereinigung des Fürstentums mit Preußen 1849 preußischer Beamter und als Regierungsrat verantwortlich für die Belange Hohenzollern-Hechingens. Familie von Wangenheim war eng mit den Fontanes befreundet. Während Fontanes Kriegsgefangenschaft nutzte Wangenheim zusammen mit seiner Ehefrau Marie ihren Bekannten Leonhard von Muralt in Zürich als Kontaktperson zum Erzbischof von Besançon, Kardinal Mathieu.

Wangenheim, Marie von (geb. Aichner Freiin von Heppenstein, 1814–1891), Ehefrau von Karl Hermann von Wangenheim. Familie Wangenheim war eng mit den Fontanes befreundet. Im Fall Fontane nutzte Marie von Wangenheim einerseits ihr Netzwerk in der katholischen Kirche und andererseits – zusammen mit ihrem Ehemann – ihren Bekannten Leonhard von Muralt in Zürich als Kontaktperson zum Erzbischof von Besançon, Kardinal Mathieu.

Washburne, Elihu Benjamin (1816–1887), US-amerikanischer Politiker; seit 1869 Botschafter der Vereinigten Staaten in Paris. Während des Deutsch-Französischen Krieges 1870/71 vertrat er die diplomatischen Interessen Preußens und korrespondierte im Fall Fontane mit Bismarck.

Werder, Karl Wilhelm von (1808–1887), preußischer Offizier; kämpfte als General im Deutsch-Französischen Krieg 1870/71 und war u. a. mit seinem Armeekorps beteiligt an dem Gefecht bei Châtillon, acht Kilometer von Besançon entfernt, wo Fontane während dieser Kampfhandlungen inhaftiert war und auf die Entscheidung des Kriegsgerichtsurteils wartete. Rudolf von Decker wandte sich an Werder mit der Bitte, sich für die Befreiung Fontanes einzusetzen. Da sich Werder auch im preußischen Hauptquartier im Schloss Versailles aufhielt, gehörte er zu den möglichen Personen, die Bismarck über den Fall Fontane informiert haben könnten.

Stationen der Kriegsgefangenschaft Fontanes

1870	
19. Juli	Kriegserklärung Frankreichs an Preußen; Beginn des Deutsch-Französischen Krieges (bis Mai 1871)
1. August	Abbruch des Familienurlaubs in Warnemünde (seit 12. Juli); Rückkehr Emilie Fontanes nach Berlin und Fontanes Weiterfahrt nach Dobbertin
1./2. September	Schlacht von Sedan: Kapitulation der französischen Armee und Gefangennahme Napoléons III.
4. September	Ausrufung der Dritten Republik und Bildung der »Regierung der Nationalen Verteidigung« unter General Louis Jules Trochu
27. September	Fontanes Abfahrt von Berlin nach Frankreich zur Recherche für das geplante Buch über den Deutsch-Französischen Krieg
	Fahrt über Weißenburg, Wörth, Sulz, Saarburg und Nancy
28. September	Kapitulation der Festung Straßburg
3. Oktober	Ankunft in Toul (bis 5. Oktober)
5. Oktober	Ausflug nach Vaucouleurs und Domrémy;
	Verhaftung in Domrémy und Transport nach Neufchâteau
6. Oktober	Ankunft in Langres (bis 12. Oktober)
12. Oktober	Ankunft in Besançon (bis 29. Oktober)
23./24. Oktober	Kriegsgerichtsurteil: Freispruch vom Vorwurf der Spionage
26. Oktober	Anerkennung als *officier supérieur*
27. Oktober	Kapitulation von Metz
29. Oktober	Abtransport von Besançon;
	Fahrt über Lyon, Moulins, Guéret, Poitiers, Rochefort, Marennes
9. November	Ankunft auf der Île d'Oléron (bis 29. November)
24. November	Mitteilung über Freilassung
26. November	Ehrenwort-Erklärung
29. November	Abreise von der Île d'Oléron;
	Fahrt über Marennes, Rochefort, Bordeaux, Toulouse, Cette, Lyon, Genf, St. Moritz, Lausanne, Bern, Basel, Frankfurt/M.
5. Dezember	Ankunft in Berlin
25. Dezember	Erstveröffentlichung von *Kriegsgefangen* in der *Vossischen Zeitung* als Fortsetzungsabdruck (bis 26. Februar 1871)
1871	
18. Januar	Proklamation des Deutschen Kaiserreichs im Schloss Versailles
28. Januar	Waffenstillstand
26. Februar	Vorfrieden von Versailles
Anfang März	*Kriegsgefangen* erscheint als Buch im Verlag von Rudolf von Decker
9. April	Fontanes zweite Reise zu den Kriegsschauplätzen nach Frankreich (bis 16. Mai)
10. Mai	Unterzeichnung des Friedensvertrags in Frankfurt/M.

Initiativen zur Rettung Fontanes

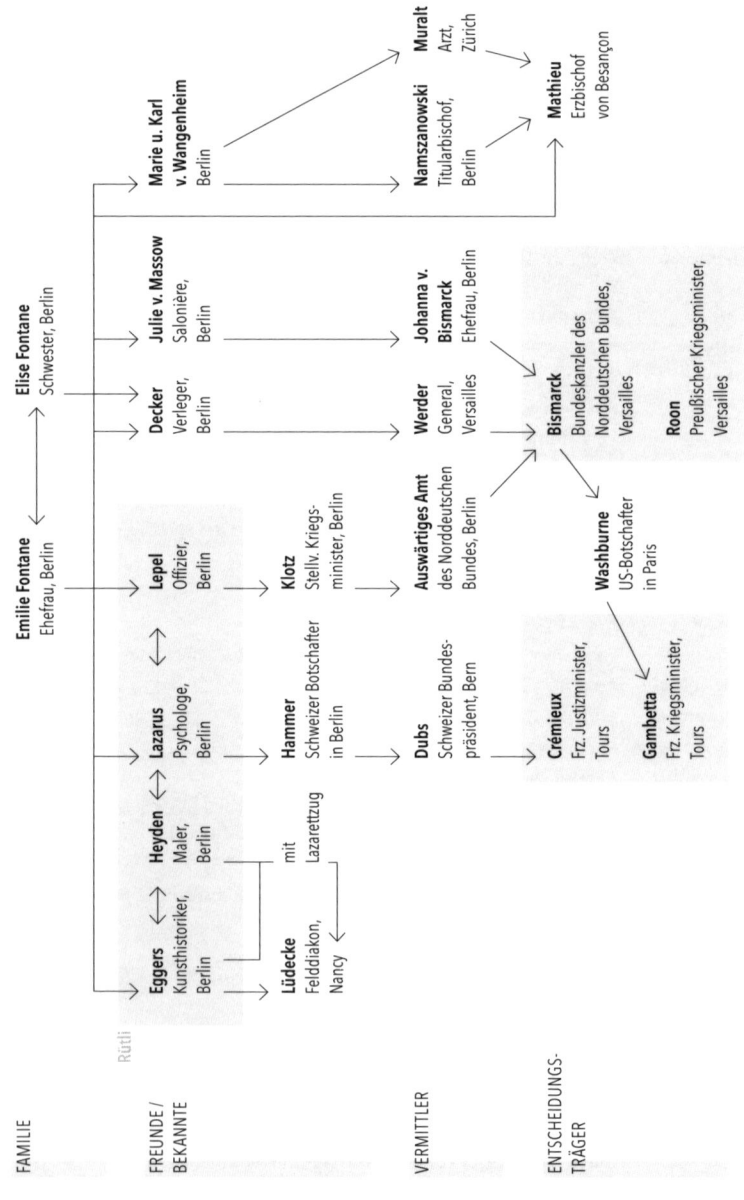

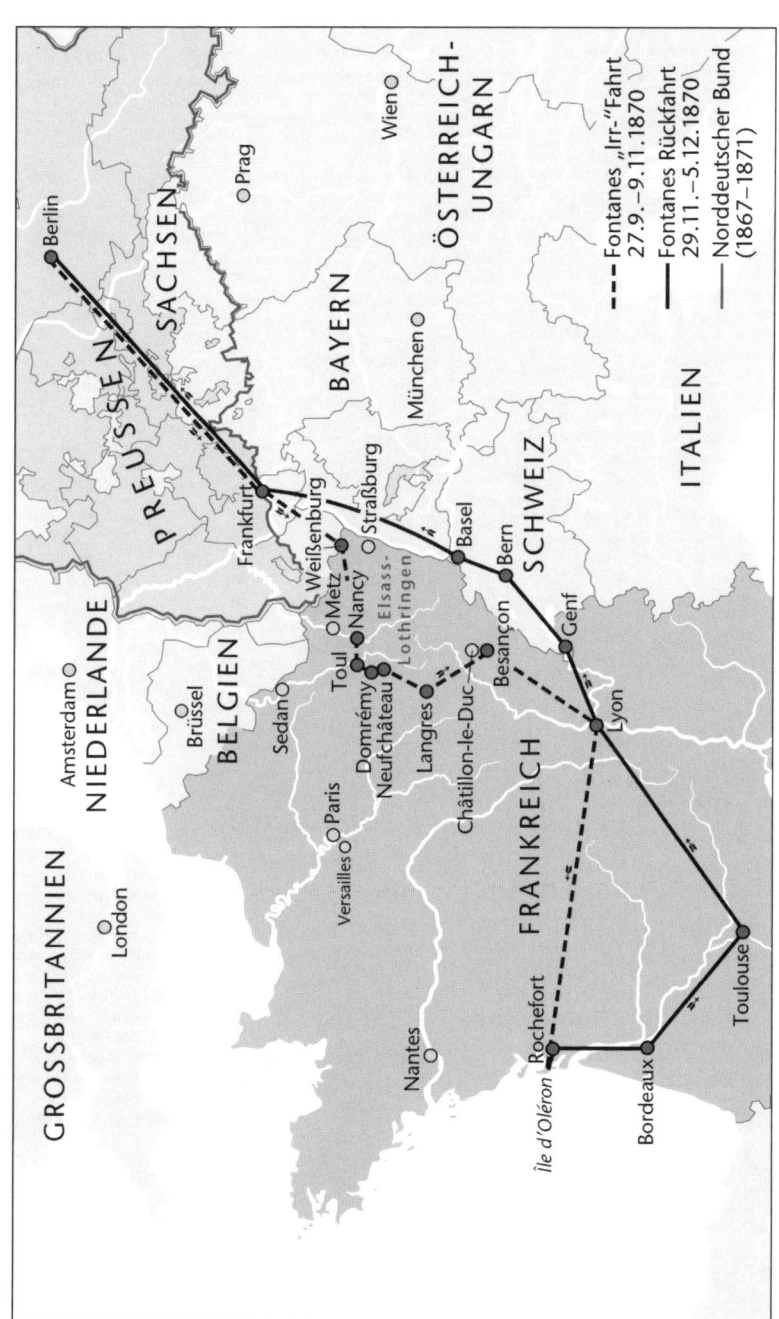

Übersichtskarte

Literaturverzeichnis

Alle Textstellen aus *Kriegsgefangen* werden nach der von Ernst Jäckel herausgegebenen und kommentierten Ausgabe im Verlag der Nation (1970; F–Kriegsgefangen) zitiert.

Handschriften

GSA Goethe- und Schiller-Archiv (Weimar)   Konvolute GSA 96/736, 134/20,2
Service historique de la Défense (Paris-Vincennes)   Konvolut L 25
StAZ Staatsarchiv Zürich   Konvolute StAZH W I 20.152.1 und 2, W I 20.153
TFA Theodor-Fontane-Archiv (Potsdam)   Konvolute Da 913, Ga 33, U83, 279

Literarische Quellen

F–Kriegsgefangen Fontane, Theodor: Kriegsgefangen. Erlebtes 1870, hrsg. mit einer Einleitung von Ernst Jäckel, Verlag der Nation, Berlin 1970

F–Kriegsgefangen 1910 Fontane, Theodor: Kriegsgefangen. Erlebtes 1870. Mit einem Bildnis, Friedrich Fontane & Co., Berlin 1910 (Hochschulausgabe)

F–Kriegsgefangen 1914 Fontane, Theodor: Kriegsgefangen. Erlebtes 1870. Mit Briefen und Dokumenten, Friedrich Fontane & Co., Berlin 1914 (Populär-historische Ausgabe)

F–Kritische Jahre Fontane, Theodor: Kritische Jahre – Kritiker-Jahre. Autobiographische Bruchstücke aus den Handschriften. Hrsg. von Conrad Höfer, Eisenach 1934

F–NB Fontane, Theodor: Notizbücher. Digitale Edition, hrsg. von Gabriele Radecke, Göttingen 2015–2020 (https://fontane-nb.dariah.eu/index.html)

F–Okkupation Fontane, Theodor: Aus den Tagen der Okkupation. In: Theodor Fontane: Wanderungen durch Frankreich. Erlebtes 1870–1871. Kriegsgefangen, Aus den Tagen der Okkupation, Briefe, Verlag der Nation, Berlin 1970, S. 201–546

F–Souvenirs Souvenirs d'un Prisonnier de Guerre allemand en 1870 par Théodore Fontane. Introduction par T. de Wyzewa, Perrin, Paris 1892

Fontanes Werke und Korrespondenz

[Anonym]: Zwei Briefkopien aus dem Besitz von Martin Hesekiel. In: Fontane Blätter 32 (1981), S. 671 [Emilie Fontane an George Hesekiel, 21.11.1870]

Cheval, René: Fontane und der französische Kardinal. Ein neuentdeckter Briefwechsel (1870–75) mit Césaire Mathieu, Erzbischof von Besançon, in: Jahrbuch der Deutschen Schillergesellschaft 27 (1983), S. 19–58

FDBW Fontane, Theodor: Briefe an den Verleger Rudolf von Decker. Mit sämtlichen Briefen an den Illustrator Ludwig Burger und zahlreichen weiteren Dokumenten, hrsg. von Walter Hettche, Decker-Verlag, Heidelberg 1988

FEBW Theodor Fontane und Friedrich Eggers. Der Briefwechsel. Mit Fontanes Briefen an Karl Eggers und der Korrespondenz von Friedrich Eggers mit Emilie Fontane, hrsg. von Roland Berbig, de Gruyter, Berlin/New York 1997

Feldpostbriefe Fontane, George: Feldpostbriefe 1870–71, Friedrich Fontane & Co., Berlin 1914

FHBW Fontane, Theodor: Briefe an Wilhelm und Hans Hertz. 1859–1898. Hrsg. von Kurt Schreinert, vollendet und mit einer Einführung versehen von Gerhard Hay, Klett, Stuttgart 1972

FKlBW Fontane, Theodor: Briefe an Hermann Kletke. In Verbindung mit dem Deutschen Literaturarchiv Marbach a. N. hrsg. von Helmuth Nürnberger. Hanser, München 1969

FLBW Theodor Fontane – Bernhard von Lepel. Der Briefwechsel. Kritische Ausgabe. 2 Bde., hrsg. von Gabriele Radecke, deGruyter Berlin/New York 2006

FMBW Die Fontanes und die Merckels. Ein Familienbriefwechsel 1850–1870. 2 Bde., hrsg. von Gotthard Erler, Aufbau-Verlag, Berlin/Weimar 1987

FMvRBW Fontane, Theodor: Sie hatte nur Liebe und Güte für mich. Briefe an Mathilde von Rohr, hrsg. von Gotthard Erler, Aufbau-Verlag Berlin 2000

FStBW Theodor Storm – Theodor Fontane: Der Briefwechsel. Historisch-kritische Ausgabe. Hrsg. von Gabriele Radecke, Erich Schmidt Verlag, Berlin 2018

FWBW Theodor Fontane und die Familie von Wangenheim. Aus dem Nachlaß hrsg. von Conrad Höfer. Privatdruck Gerhard Schulze, Leipzig 1939

GBA Große Brandenburger Ausgabe, begründet und hrsg. von Gotthard Erler, fortgeführt von Gabriele Radecke und Heinrich Detering, Aufbau-Verlag, Berlin 1994 ff.

GBA–EBW Fontane, Emilie und Theodor: Der Ehebriefwechsel. 3 Bde., hrsg. von Gotthard Erler unter Mitarbeit von Therese Erler, Aufbau-Verlag, Berlin 1998

GBA–TB Fontane, Theodor: Tagebücher. 2 Bde., hrsg. von Charlotte Jolles und Gotthard Erler, unter Mitarbeit von Rudolf Muhs und Therese Erler, Große Brandenburger Ausgabe, Aufbau-Verlag, Berlin 1994

GBA–Theaterkritik Fontane, Theodor: Theaterkritik 1870–1894. 4 Bde., hrsg. von Debora Helmer und Gabriele Radecke in Zusammenarbeit mit der Theodor Fontane-Arbeitsstelle, Universität Göttingen, Große Brandenburger Ausgabe, Aufbau Verlag, Berlin 2018

GBA–Wanderungen, Oderland Fontane, Theodor: Wanderungen durch die Mark Brandenburg, Band 2: Das Oderland, Barnim-Lebus, hrsg. von Gotthard Erler und Rudolf Mingau, Große Brandenburger Ausgabe, zweite Auflage, Aufbau-Verlag, Berlin 1994

GBA–Zwanzig Fontane, Theodor: Von Zwanzig bis Dreißig. Autobiographisches. Hrsg. von der Theodor Fontane-Arbeitsstelle, Universität Göttingen; kommentiert von Wolfgang Rasch, Aufbau Verlag, Berlin 2014 (GBA–Das autobiographische Werk, Bd. 3)

HFA–Briefe 2 Fontane, Theodor: Briefe. Zweiter Band 1860–1878. Hrsg. von Otto

Drude u. a. Hanser, München 1979 (Theodor Fontane: Werke, Schriften und Briefe, Abteilung IV)

HFA–Briefe 4 Fontane, Theodor: Briefe. Vierter Band 1890–1898. Hrsg. von Otto Drude und Helmuth Nürnberger. Hanser, München 1982 (Theodor Fontane: Werke, Schriften und Briefe, Abteilung IV)

Krueger, Joachim (Hrsg.): Emilie Fontane und Paul Heyse. Briefe um Fontane. In: Fontane Blätter 35 (1983), S. 280–286

Osborne, John (Hrsg.): Briefe Césaire Mathieus an Emilie und Theodor Fontane aus den Jahren 1870–1871, in: Fontane Blätter 53 (1992), S. 5–11

StormEgg Theodor Storms Briefe an Friedrich Eggers. Mit einer Lebensskizze von F. Eggers und Gedichtproben. Hrsg. von H. Wolfgang Seidel. Karl Curtius, Berlin 1911

Verwendete Literatur (in Auswahl)

Arand, Tobias: Rogerowski oder Rasumofsky? Überlegungen zur nationalen ›Meistererzählung‹ in Fontanes *Kriegsgefangen*, in: Fontane Blätter 105 (2018), S. 61–86

Aust, Hugo: Der Prinz von Homburg – ein »Waschlappen«? Fontanes Irrungen und Wirrungen mit Kleist, in: Hugo Aust, Barbara Dölemeyer, Hubertus Fischer (Hrsg.): Fontane, Kleist und Hölderlin. Literarisch-historische Begegnungen zwischen Hessen-Homburg und Preußen-Brandenburg, Königshausen & Neumann, Würzburg 2005, S. 137–146

Berbig, Roland: Fontane und … Fontane. Ein Schriftsteller pur et simple. Theodor Fontanes literarische Selbsterfindung 1870/71. In: Fontane Blätter 108 (2019), S. 66–85

Berbig, Roland: Theodor Fontanes Akte der Deutschen Schiller-Stiftung. Mit einem unveröffentlichten Gutachten Fontanes für Karl Weise, in: »Spielende Vertiefung ins Menschliche«. Festschrift für Ingrid Mittenzwei. Hrsg. von Monika Hahn, Universitätsverlag C. Winter, Heidelberg 2002 (Frankfurter Beiträge zur Germanistik, Bd. 37), S. 149–166

Berg-Ehlers, Luise: Theodor Fontanes Traumorte. Eine besondere Zeitreise von England über Dänemark und Frankreich nach Italien. Sandmann, München 2019

Bluntschli, Johann Caspar: Das moderne Völkerrecht der civilisirten Staaten als Rechtsbuch dargestellt, Druck und Verlag der Beck'schen Buchhandlung, Nördlingen 1868

Bremm, Klaus-Jürgen: 70/71. Preußens Triumph über Frankreich und die Folgen. wbg Theiss, Darmstadt 2019

Cheval, René: Die guten Tage von Besançon, in: René Cheval: Anstöße und Rückwirkungen. Literarische Begegnungen zwischen Frankreich und Deutschland. Ausgewählte Aufsätze. Bouvier Verlag, Bonn, 1990 (Studien zur Literatur der Moderne, Bd. 18), S. 87–97

D'Aprile, Iwan-Michelangelo: Fontane. Ein Jahrhundert in Bewegung. Rowohlt Verlag, Reinbek 2018

Dieterle, Regina: Theodor Fontane. Biografie. Hanser, München 2018

Epkenhans, Michael: Der Deutsch-Französische Krieg 1870/1871. Reclam, Ditzingen 2020 (Kriege der Moderne)

Erler, Gotthard: Das Herz bleibt immer jung. Emilie Fontane. Biographie, Aufbau-Verlag, Berlin 2002

F-Chronik Berbig, Roland: Theodor Fontane Chronik, 5 Bde., deGruyter, Berlin/New York 2010

Fricke, Hermann: Emilie Fontane. Eine deutsche Dichtersfrau. Mit unveröffentlichten Gedichten und Briefen von Theodor und Emilie Fontane, Rathenower Zeitungsdruckerei, Rathenow 1937

Fricke, Hermann: Theodor Fontanes Kriegsgefangenschaft 1870, in: Der Bär von Berlin. Jahrbuch des Vereins für die Geschichte Berlins. 5. Folge. Berlin 1955, S. 53–73

Fricke, Hermann: Theodor Fontanes Parole d'honneur von 1870. Ein bedeutsamer Fund in Frankreich, in: Der Bär von Berlin. Jahrbuch des Vereins für die Geschichte Berlins 14 (1965), S. 49–70

Genzel, Adolf: Kriegsgefangen 1870/71. Eigene Erlebnisse aus dem deutsch-französischen Krieg, Berlin 1896

Hädecke, Wolfgang: Theodor Fontane. Biographie, Deutscher Taschenbuchverlag, München 2002

Hehle, Christine: Vom Kriegsgefangenen zum freien Autor. In: Theodor Fontane: Kriegsgefangen. Erlebtes 1870, Aufbau Verlag, Berlin 2020. S. 203–218

Hepner, Adolf: Der Schutz der Deutschen in Frankreich 1870 und 1871. Briefwechsel des außerordentlichen Gesandten und bevollmächtigten Minister der Vereinigten Staaten für Frankreich E. B. Washburne in Paris vom 17. Juli 1870 bis zum 29. Juni 1871. Aus den diplomatischen Akten der Regierung der Vereinigten Staaten von Nordamerika, J. H. W. Dietz, Stuttgart 1907

Kämmel, Otto: Der Deutsche Volkskrieg gegen Frankreich 1870 und 1871, Verone, Nikosia 2016, Nachdruck des Originals von 1872

Kipper, Rainer: Formen literarischer Erinnerung, in: Helmut Berding (Hrsg.): Krieg und Erinnerung, Vandenhoeck & Ruprecht, Göttingen 2000, S. 18–37 (https://digi20.digitale-sammlungen.de/de/fs1/object/display/bsb00046476_00015.html)

Kittelmann, Jana: Theodor Fontane Kriegsgefangen. Erlebtes 1870 (1871), in: Hermann Gätje und Sikander Singh (Hrsg.): Übergänge, Brüche, Annäherungen. Beiträge zur Geschichte der Literatur im Saarland, in Lothringen, im Elsass, in Luxemburg und Belgien, universaar, Saarbrücken 2015, S. 103–115 (http://universaar.uni-saarland.de/monographien/volltexte/2015/145/pdf/Illimite_Uebergaenge_Brueche_Annaeherungen_digital.pdf)

Köhn, Lothar: Zwei Zivilisten im Krieg. In: Literatur und politische Aktualität.

Hrsg. von Elrud Ibsch und Ferdinand von Ingen. Rodopi, Amsterdam 1993, S. 145–186 (Amsterdamer Beiträge zur neueren Germanistik, Bd. 36)

Lazarus, Moritz: Lebenserinnerungen. Hrsg. von Nahida Lazarus und Alfred Leicht, Reimer, Berlin 1906

Lucke, Hermann: Theodor Fontane – ein Vermächtnis (1920), in: Jahrbuch für brandenburgische Landesgeschichte. Berlin 1950

Nürnberger, Helmuth: Fontanes Welt, Siedler, Berlin 1997

Nürnberger, Helmuth / Storch, Dietmar: Fontane-Lexikon. Namen – Stoffe – Zeitgeschichte. Hanser, München 2007

Olivier, David H.: German Naval Strategy, 1856–1888. Forerunners to Tirpitz, London / New York 2004

Osborne, John: Autobiographisches als Nebenprodukt zu Fontanes Kriegsbüchern. In: Fontane Blätter 65 / 66 (1998), S. 234–245

Rasch, Wolfgang: Theodor Fontane Bibliographie, 3 Bde., deGruyter, Berlin / New York 2006

Rauh, Robert: Fontanes Ruppiner Land. Neue Wanderungen durch die Mark Brandenburg, be.bra, Berlin 2019

Reuter, Hans-Heinrich: Fontane. Erster Band, Verlag der Nation, Berlin 1968

Roehnert, Jan: Jeanne d'Arc in Domrémy – Fontane auf Oléron. Selbstbehauptung in Fontanes Kriegsgefangen. In: Fontane Blätter 91 (2011), S. 39–61

Samosch, Siegfried: Aus den geheimen Kriegsakten über Theodor Fontanes Gefangenschaft und Freilassung. Neue Veröffentlichungen. In: Vossische Zeitung, Sonntagsbeilage, Nr. 23, 5. Juni 1910

Schultz, Pascal / Pasteur, Adeline: Universelle Zitadelle, Citadelle patrimoine mondial, Besançon 2013

Washburne, Elihu Benjamin: Recollections of a Minister to France. 1869–1877. Band 1, C. Scribner's sons, New York 1887

Weigert, Lothar / Möller, Klaus-Peter: Schmalhansküchenmeisterstudien versus Petitionsschriftstellerei. Theodor Fontane und der Berliner Zweigverein der Deutschen Schillerstiftung. Königshausen & Neumann, Würzburg [voraussichtlich 2020]

Zimmermann, Hans Dieter: Theodor Fontane. Der Romancier Preußens, Beck, München 2019

Anmerkungen

Vorwort

1 F–Kriegsgefangen, S. 211.
2 GBA–TB 2, S. 38.
3 F–Kriegsgefangen, S. 141.

Abermals ein Kriegsbuch

1 Im April 1870 hatte Fontane seine Stellung als Redakteur bei der *Neuen Preußischen Zeitung (Kreuzzeitung)* aufgegeben.
2 GBA–TB 2, S. 37.
3 Fontane an Karl Zöllner, 23.7.1870; HFA–Briefe 2, S. 324.
4 Fontane an Mathilde von Rohr, 11.8.1870; FMvRBW, S. 150.
5 GBA–TB 2, S. 37. Fontane schreibt versehentlich, dass die Kriegserklärung am 15. Juli erfolgte.
6 Fontane an Karl Zöllner, 23.7.1870; HFA–Briefe 2, S. 324. An *die französische Flotte, die in der Ostsee kreuzte und von der wir allnächtlich einen Landungsbesuch erwarteten,* erinnerte sich Fontane auch ein Jahr später. Fontane an Césaire Mathieu, 5. Oktober 1871; HFA–Briefe 2, S. 387.
7 George Fontane an Fontane, 19.7.1870; Feldpostbriefe, S. 6.
8 George Fontane an Fontane, 25.7.1870; Feldpostbriefe, S. 9. George rückte als Leutnant im IV. Armeekorps, 7. Division, 14. Brigade aus. Vgl. ebd.
9 GBA–TB 2, S. 37.
10 Fontane an Emilie Fontane, 4.8.1870; GBA–EBW 2, S. 506 f.
11 Fontane an Emilie Fontane, 5.8.1870; ebd., S. 510.
12 George an Emilie und Theodor Fontane, 9.8.1870; Feldpostbriefe, S. 13 f.
13 Fontane an Rudolf von Decker, 8.8.1870; FDBW, S. 156.
14 GBA–TB 2, S. 37.
15 Vgl. Walter Hettche, Einführung; in: FDBW, S. 7–18, hier: S. 7 f.
16 Originaltitel: *Der Schleswig-Holsteinsche Krieg im Jahre 1864*
17 Originaltitel: *Der Deutsche Krieg von 1866*
18 Fontane an Rudolf von Decker, 8.8.1870; FDBW, S. 156.
19 Fontane an Rudolf von Decker, 8.8.1870; ebd., S. 156.
20 Fontane an Mathilde von Rohr, 11.8.1870; FMvRBW, S. 150. Fontanes *Briefe aus Mecklenburg* erschienen erst 1875.
21 Ebd.
22 Fontanes Kritik vom 19. August 1870; GBA–Theaterkritik 1, S. 9.
23 Fontane an Mathilde von Rohr, 18.8.1870; FMvRBW, S. 152.
24 F–NB, D6.
25 Fontane an Mathilde von Rohr, 26.8.1870; FMvRBW, S. 155.

26 Zit. nach: Michael Epkenhans: Der Deutsch-Französische Krieg 1870/71, Reclam, Ditzingen 2020, S. 79 (künftig: Epkenhans, Krieg).

27 Klaus-Jürgen Bremm: 70/71. Preußens Triumph über Frankreich und die Folgen, wbg Theiss, Darmstadt 2019, S. 165 (künftig: Bremm, 70/71).

28 Innenminister Gambetta folgte ihnen drei Wochen später in einer aufsehenerregenden Flucht aus dem eingeschlossenen Paris in einem Ballon und wurde von der Regierung beauftragt, auch das Kriegsministerium zu leiten. Vgl. ebd., S. 165 f.

29 Fontane an Rudolf von Decker, 11.9.1870; FDBW, S. 159.

30 Fontane an Rudolf von Decker, 15.9.1870; ebd., S. 160.

31 George Fontane an Emilie und Theodor Fontane, 16.9.1870; Feldpostbriefe, S. 26. George hatte nach der Schlacht von Sedan beklagt, dass nun keine Aussicht mehr bestünde, »den Feind noch mal vors Messer nehmen zu können«. Nicht dabei gewesen zu sein, sei »mehr als deprimierend. […] Adieu, nun eisernes Kreuz usw.« George Fontane an Emilie und Theodor Fontane, 4.9.1870; ebd., S. 21 f.

32 Die deutsche Belagerung von Metz dauerte bis zum 27. Oktober 1870.

33 Fontane an Mathilde von Rohr, 25.9.1870; FMvRBW, S. 156.

34 GBA–TB 2, S. 37.

35 Vgl. F–Kriegsgefangen, S. 66.

36 Henriette von Merckel, Erinnerungen an die Familie Fontane, 26.9.1871; in: FMBW, S. 262.

37 Fontane an Emilie Fontane, 24.10.1870; in: F–Kriegsgefangen 1914, S. 186 f. Dieser Brief ist in der Ausgabe des Ehebriefwechsels (GBA–EBW) nicht enthalten.

38 F–Kriegsgefangen, S. 112.

39 Fontane an Emilie Fontane, 29.9.1870; GBA–EBW 2, S. 513.

40 Fontane an Emilie Fontane, 1.10.1870; ebd., S. 515.

41 Fontane an Emilie Fontane, 29.9.1870; ebd., S. 513. Sein Weg führte ihn mit der Eisenbahn über Frankfurt/M., Mannheim und Neustadt an der Hardt.

42 F–NB, D6, Bl. 1r–2v.

43 Schlacht bei Weißenburg vom 4.8.1870.

44 Schlacht bei Wörth vom 6.8.1870.

45 Fontane an Emilie Fontane, 30.9.1870; GBA–EBW 2, S. 513.

46 F–NB, D6, Bl. 16r.

47 GBA–Wanderungen, Oderland, S. 174–178.

48 Fontane an Emilie Fontane, 4.10.1870; GBA–EBW 2, S. 518 f.

49 F–NB, D6, Bl. 17v.

50 Fontane an Emilie Fontane, 2.10.1870; GBA–EBW 2, S. 517.

Kriegsjournalist auf Abwegen

1 Henriette von Merckel, Erinnerungen an die Familie Fontane, 26.9.1871; in: FMBW 2, S. 262.

2 Ebd.

3 F–NB, D6, Bl. 26v.

4 F–Kriegsgefangen, S. 47.

5 F–NB, D 6, Bl. 26r, 26v.

6 F–Kriegsgefangen, S. 47–49.

7 Fontane an Emilie Fontane, 24.10.1870; GBA–EBW 2, S. 528.

8 Fontane an Bernhard von Lepel, 21.9.1848; FLBW 1, S. 83.

9 Bernhard von Lepel an Fontane, 22.9.1848; ebd., S. 87.

10 F–Kriegsgefangen, S. 49 f.

11 Dass Fontane im Hôtel de la Providence gefrühstückt und dort sein Handgepäck hinterlassen hat, geht hervor aus: Fontane an Johann Carl Lüdecke, 26.10.1870; HFA–Briefe 2, S. 346.

12 F–Kriegsgefangen, S. 49.

13 F–NB, D6, Bl. 59v, 59r.

14 F–Kriegsgefangen, S. 50 f.

15 F–NB, D6, Bl. 54v, 54r, 53v.

16 Vgl. F–Kriegsgefangen, S. 79.

17 Ebd., S. 51–53.

18 GBA–TB 2, S. 38.

19 Der Text *Kriegsgefangen* wurde ab dem 25. Dezember 1870 in der *Vossischen Zeitung* als Fortsetzungsgeschichte publiziert (Erstveröffentlichung).

20 F–NB, D6, Bl. 51r.

21 F–Kriegsgefangen, S. 79.

22 Ebd., S. 49–54.

23 Ebd., S. 79.

24 Ebd., S. 51 ff.

25 Ebd., S. 79. Bei der konkreten Schilderung seiner Verhaftung spricht Fontane indirekt von einem *Kreise der Minorität*. Erst als er das Wirtshaus wieder verlassen hatte, um nach Neufchâteau gebracht zu werden, betrat ein Franctireur die Szene: *Wir stiegen auf. Rechts der Kutscher, links ein Franctireur, ich eingeklemmt zwischen beiden.* Ebd., S. 53 f.

26 Lebenslauf Fontanes, 18.11.1870; in: Service historique de la Défense, L. 25.

Furchtbare Ängste

1 Fontane an Emilie Fontane, 14.10.1870; GBA–EBW 2, S. 523 ff.

2 Hermann Freiherr von Wangenheim an Fontane, 27.10.1871; FWBW, S. 52.

3 F–Kriegsgefangen, S. 58 f.

4 F–NB, D6, Bl. 27r.

5   Adolf Genzel: Kriegsgefangen 1870/71. Eigene Erlebnisse aus dem deutsch-französischen Krieg, Berlin 1914, S. 23, 30, 32, 37 (künftig: Genzel, Kriegsgefangen).

6   F–Kriegsgefangen, S. 62 f., 99.

7   Fontane an Emilie Fontane, 14.10.1870; GBA–EBW 2, S. 523 ff. Bereits acht Tage zuvor hatte Fontane Emilie aus Langres geschrieben, der *Hohn des Volkes* sei *furchtbar.* Fontane an Emilie Fontane, 6.10.1870; ebd., S. 521.

8   Genzel, Kriegsgefangen, S. 30.

9   F–Kriegsgefangen, S. 63 f.

10 Fontane an Emilie Fontane, 6.10.1870; GBA–EBW 2, S. 521.

11 Über die Beziehung zwischen Moritz Lazarus und Adolphe Crémieux s. Kapitel »Auf der Suche nach dem ›verlorenen Freund‹«.

12 Fontane an Adolphe Crémieux, 6.10.1870; GSA 96/736 [unveröffentlicht].

13 Fontane an Moritz Lazarus, 6.10.1870; GSA 96/736 [unveröffentlicht].

14 F–Kriegsgefangen, S. 64–68.

15 GBA–TB 2, S. 38.

16 So schreibt Emilie Fontane später, dass sie »seit dem letzten (am vierten von Toul aus) weiter keine Nachricht mehr von dir [Fontane] bekam.« Emilie Fontane an Fontane, 24.10.1870; in: F–Kriegsgefangen 1914, S. 186.

17 Emilie Fontane an Fontane, 8.10.1870; GBA–EBW 2, S. 522, 735 f.

Weißbrot statt Nusstorte

1   Fontane an Emilie Fontane, 14.10.1870; GBA–EBW 2, S. 523 f.

2   F–Kriegsgefangen, S. 76–83. Im Hinblick auf Spandau bezieht sich Fontane auf einen Besuch in der Zitadelle Spandau [heute Stadtbezirk von Berlin] im Herbst 1848. Vgl. Theodor Fontane: Von Zwanzig bis Dreißig, Abschnitt Berlin 1840, Kapitel 2.

3   F–Kriegsgefangen, S. 83.

4   Ebd.

5   Vgl. Kapitel »Entscheidungen in Besançon«.

6   F–Kriegsgefangen, S. 83.

7   Vgl. Kapitel »Auf der Suche nach dem ›verlorenen Freund‹«.

8   F–Kriegsgefangen, S. 83 f.

9   Ebd., S. 91.

10 Pascal Schultz/Adeline Pasteur: Universelle Zitadelle, Citadelle patrimoine mondial, Besançon 2013, S. 12 ff. (künftig: Schultz/Pasteur, Zitadelle).

11 Vgl. Kapitel »Entscheidungen in Besançon«.

12 F–Kriegsgefangen, S. 83 f.

13 Ebd., S. 90–94.

14 F–NB, D6, Bl. 63v.

15 F–Kriegsgefangen, S. 98–102.

16 Ebd., S. 87 f.

17 Hermann von Giese nennt das Datum der Freilassung in seinem Brief an Familie Fontane vom 20.10.1870; in: F–Kriegsgefangen 1914, S. 181.

18 Charles Vinckel an Fontane, 25.12.1870; in: ebd., S. 213 f.

19 Hermann von Giese an Familie Fontane, 20.10.1870; in: ebd., S. 180 ff.

20 Vgl. Kapitel »Fontane zwischen den Fronten«.

21 F–Kriegsgefangen, S. 96 f.

22 Ebd., S. 93, 104 f.

23 Vossische Zeitung, 11.12.1870, S. 3. Nach seiner Rückkehr hatte Fontane der Redaktion offenbar einige Details über seine Gefangenschaft mitgeteilt.

24 Fontane an Emilie Fontane, 18.10.1870; GBA–EBW 2, S. 526.

25 F–NB, D6, Bl. 63v.

26 Fontane an Emilie Fontane, 18.10.1870; GBA–EBW 2, S. 526.

Es ist ein Unglück passiert

1 Vgl. Emilie Fontane an Fontane, 24.10.1870; in: F–Kriegsgefangen 1914, S. 186. Der Brief fehlt in GBA–EBW 2; vgl. auch Friedrich Eggers: Wochenzettel, 15.10.1870; in: FEBW, S. 429.

2 Friedrich Eggers: Wochenzettel, 15.10.1870; in: FEBW, S. 429.

3 Ebd.

4 Vgl. Roland Berbig: Einleitung; in: ebd., S. 1–65.

5 Friedrich Eggers: Wochenzettel, 17.10.1870; in: ebd., S. 430.

6 Ebd.

7 Vgl. Fontane an Emilie Fontane, 4.10.1870; GBA–EBW 2, S. 519 f.

8 Friedrich Eggers: Wochenzettel, 18.10.1870; in: FEBW, S. 430.

9 F–NB, D6, Bl. 25v.

10 Friedrich Eggers: Wochenzettel, 18.10.1870; in: FEBW, S. 430.

11 Friedrich Eggers: Wochenzettel, 19.10.1870; in: ebd. Nachdem der Lazarettzug am 22. Oktober in Saarbrücken eingetroffen war, erhielt Eggers aus Sicherheitsgründen ein weiteres, von Klaatsch ausgestelltes Legitimationsschreiben. Eggers habe »außer der allgemeinen Hülfsleistung den speciellen Zweck Nachforschungen über den bei Toul verschollenen Militär-Schriftsteller Fontane anzustellen«. TFA, GA 33 [unveröffentlicht].

12 Friedrich Eggers: Wochenzettel, 20.10.1870; in: FEBW, S. 432. »Jen[e] Oktobernacht« wird auch erwähnt in: Wolfgang Seidel: Friedrich Eggers; in: Storm/ Eggers, S. 93–112, hier: S. 102.

13 Von dem brisanten Telegramm berichtet auch Nahida Ruth Lazarus, die zweite Ehefrau von Moritz Lazarus, die aber keine Zeitzeugin für Fontanes Kriegsgefangenschaft war. So verwechselt sie den Inhalt des Telegramms, wonach Fontane »gefangen« sei. Diese Nachricht traf aber erst am 22. Oktober in Berlin ein. Vgl. Nahida Ruth Lazarus (Hrsg.): Moritz Lazarus' Lebenserinnerungen, Druck und Verlag von Georg Reimer, Berlin 1906, S. 586 (künftig: Lazarus, Lebenserinnerungen).

14 Bernhard von Lepel an das Königliche stellvertretende Kriegsministerium, 20.10.1870; in: Siegfried Samosch: Aus den geheimen Kriegsakten über Theodor Fontanes Gefangenschaft und Freilassung. Neue Veröffentlichungen; in: Vossische Zeitung, Sonntagsbeilage, 5.6.1910, S. 178–180, hier: S. 178 (künftig: Samosch, Kriegsakten).

15 Johann Carl Lüdecke an Friedrich Eggers, 20.10.1870; in: Lazarus, Lebenserinnerungen, S. 544 ff.

16 Weil Eggers bereits in Frankreich war, wurde der Brief von Lüdecke an Lazarus weitergeleitet. Ebd., S. 544.

17 Polizeikommissar Bruant von Toul an den Bürgermeister der Stadt Toul, 20.10.1870; in: F–Kriegsgefangen 1914, S. 179 f.

18 Johann Carl Lüdecke an Friedrich Eggers, 20.10.1870; in: Lazarus, Lebenserinnerungen, S. 544 ff.

19 Friedrich Eggers: Wochenzettel, 20.10.1870; in: FEBW, S. 432.

20 Dass Eggers und Heyden nach Frankreich abgereist waren, belegen auch die beiden folgenden Briefe: Emilie Fontane an Fontane, 24.10.1870; in: F–Kriegsgefangen 1914, S. 186; Elsy von Wangenheim an Fontane, 22.10.1870; in: ebd., S. 182.

21 Bernhard von Lepel an das Königliche stellvertretende Kriegsministerium, 20.10.1870; in: Samosch, Kriegsakten, S. 177.

22 Henriette von Merckel, Erinnerungen an die Familie Fontane, 26.9.1871; in: FMBW 2, S. 262.

23 Erler, Emilie, S. 180. Vgl. auch Günter Jäckel: Fontane und der Krieg in Frankreich; in: F–Kriegsgefangen, S. 18.

24 Elise Fontane an Rudolf von Decker, [25.10.1870]; FDBW, S. 161.

25 Emilie Fontane an Fontane, 24.10.1870; in: F–Kriegsgefangen 1914, S. 186 f.

26 Fontane an Emilie Fontane, 14./16.10.1870; GBA–EBW 2, S. 525.

27 Emilie Fontane an Fontane, 24.10.1870; in: F–Kriegsgefangen 1914, S. 186 f.

28 Elise Fontanes Schreiben ist undatiert; der 25. Oktober wurde offenbar falsch ermittelt. Emilie Fontanes Schreiben liegt (bisher) nicht im Original vor, sodass nicht überprüft werden kann, ob es tatsächlich am 24. Oktober verfasst wurde.

29 Emilie Fontane an Hermann Kletke, 22.10.1870; TFA U 83, 279 [unveröffentlicht].

30 Elsy von Wangenheim an Fontane, 22.10.1870; in: F–Kriegsgefangen 1914, S. 182 f.

31 Marie von Wangenheim an Fontane, 8.11.1879; FWBW, S. 54 ff.

32 Bernhard von Lepel an das Königliche stellvertretende Kriegsministerium, 22.10.1870; in: Samosch, Kriegsakten, S. 177.

33 Vgl. »Das Wangenheim-Kapitel«; in: FWBW, S. 5–22.

34 Marie von Wangenheim spricht in einem Brief über »[n]üchterne, um nicht zu sagen: heidnische Menschen«. Marie von Wangenheim an Fontane, 8.11.1870; ebd., S. 55.

35 Hermann Freiherr von Wangenheim an Fontane, 27.10.1870; ebd., S. 53.

36 Vgl. Samosch, Kriegsakten, S. 178.

37 »Das Wangenheim-Kapitel«; in: FWBW, S. 5–22, hier S. 18. Dass Marie von Wangenheim mit den Muralts bekannt war, geht auch hervor aus: Fontane an Berthold Auerbach, 20.11.1871; HFA–Briefe 2, S. 390.

38 Vgl. Staatsarchiv Zürich, WI 20.152.1 und 2, W I 20.153.

39 So schreibt Marie von Wangenheim, erst am 2. November hätte ihr »ein Brief aus Zürich die Antwort auf Brief und Telegramm [gebracht], die am 22. Oktober dorthin abgegangen«. Marie von Wangenheim an Fontane, 8.11.1879; FWBW, S. 54 ff.

40 Vgl. Emilie Fontane an Rudolf von Decker, 18.11.1870; FDBW, S. 168. Emilie schreibt, sie habe erfahren, dass »Herr General v. Werder (durch Ihre Güte) sich persönlich für die Befreiung« Fontanes eingesetzt hätte.

41 Vgl. Bremm, 70/71, S. 246.

42 Vgl. Otto Kämmel: Der Deutsche Volkskrieg gegen Frankreich 1870 und 1871, Verone, Nikosia 2016, Nachdruck des Originals von 1872, S. 36 f.

43 F–Kriegsgefangen, S. 94.

44 Anton Biermer an Moritz Lazarus, 15.11.1870; in: Lazarus, Lebenserinnerungen, S. 549.

45 Friedrich Eggers: Wochenzettel, [23.10.1870]; in: FEBW, S. 435.

46 Vgl. Kapitel »Kriegsjournalist auf Abwegen«.

47 Lazarus hatte mit Oberst Hammer persönlich gesprochen. Vgl. Moritz Lazarus an Jakob Dubs, 23.10.1870; in: Lazarus, Lebenserinnerungen, S. 542.

48 Lazarus wurde 1860 als Honorarprofessor an die Univertät Bern berufen, die er von 1864 bis 1867 als Rektor und Dekan leitete.

49 Moritz Lazarus an Jakob Dubs, 23.10.1870; in: Lazarus, Lebenserinnerungen, S. 540 f.

50 Ebd., S. 537.

51 Moritz Lazarus an Adolphe Crémieux, 24.10.1870; in: ebd., S. 542 ff.

52 Fontane an Emilie Fontane, 14./16.10.1870; GBA–EBW 2, S. 523 ff.

Böse und gute Nachrichten

1 F–Kriegsgefangen, S. 103. Auch seiner Frau schrieb Fontane, dass sich seine Hoffnungen auf eine rasche Freilassung nicht erfüllt hätten. Fontane an Emilie Fontane, 24.10.1870; GBA–EBW 2, S. 527.

2 Fontane an Emilie Fontane, 24.10.1870; ebd., S. 529. In dem Brief ergänzt Fontane, *den Ausschlag zu meinen Ungunsten gab das »rothe Kreuz«[,] das ich nicht berechtigt gewesen sei zu tragen. So hängt unser Schicksal an Kleinigkeiten.*

3 Fontane an Emilie Fontane, 14./16.10.1870; ebd., S. 525. Auch rückwirkend vertrat er die Auffassung, dass es sich nach dem 9. Oktober *nur noch um die Frage* handelte, *ob er unverzüglich in Freiheit gesetzt oder als prisonnier de guerre im »fernen Westen« internirt werden würde.* Fontane an Emilie Fontane, 27.10.1870; ebd., S. 531.

4 Césaire Mathieu an Adolf Namszanowski, 27.10.1870; in: F–Kriegsgefangen 1914, S. 190.

5 Fontane an Emilie Fontane, 26.11.1870; GBA–EBW 2, S. 552.

6 Vossische Zeitung, 11.12.1870, S. 3. Laut dieses Zeitungsberichtes hatte sich General Albert Cambriels, der die französischen Truppen bei Besançon gegen den preußischen General August von Werder befehligte (vgl. Kapitel »Auf der Suche nach dem ›verlorenen Freund‹«), gegen Promontville durchgesetzt. Vermutlich stammt auch diese Information von Fontane, welcher der Redaktion nach seiner Rückkehr einige Details über seine Gefangenschaft mitgeteilt hatte. Belegen lässt sich diese Information nicht. Fontane greift sie später (in den überlieferten Quellen) nicht mehr auf.

7 Fontane an Césaire Mathieu, 21.12.1871; in: René Cheval: Fontane und der französische Kardinal. Ein neuentdeckter Briefwechsel (1870–75) mit Césaire Mathieu, Erzbischof von Besançon, in: Jahrbuch der Deutschen Schillergesellschaft 27 (1983), S. 19–58, hier: S. 41 (künftig: Cheval, Fontane).

8 Z. B. Reuter, Fontane; Dieterle, Fontane.

9 D'Aprile nennt für den Freispruch den 23.10.1870, vgl. D'Aprile, Fontane, S. 270; die Fontane-Chronik datiert ihn »um den 23.10.1870«, vgl. F–Chronik 2, S. 1665.

10 F–Kriegsgefangen, S. 103. Dem folgt z. B. Fricke, Kriegsgefangenschaft, S. 56.

11 Fontane an Emilie Fontane, 24.10.1870; GBA–EBW 2, S. 527 f.

12 Brief Fontanes an Decker, 26.10.1870; FDBW, S. 162 f.

13 Vgl. Kapitel »Auf der Suche nach dem ›verlorenen Freund‹«.

14 Diese Kausalität wird indirekt ohne Beleg hergestellt in: D'Aprile, Fontane, S. 270 f.

15 Jakob Dubs an Moritz Lazarus, 28.10.1870; in: Lazarus, Lebenserinnerungen, S. 547.

16 Fontane an Emilie Fontane, 28.10.1870; GBA–EBW 2, S. 535.

17 Jules Favre an Elihu Benjamin Washburne, 2.11.1870; in: Samosch, Kriegsakten, S. 178.

18 F–NB, D6, Bl. 27r.

19 F–Kriegsgefangen, S. 104.

20 Dokument [über den Status von Fontanes Kriegsgefangenschaft], ausgestellt vom Generalkommandanten der 7. Militärdivision, Chef des Generalstabs Edwin, 26.10.1870; in: F-Kriegsgefangen 1914, S. 189.

21 F–Kriegsgefangen, S. 96. Cheval wählte Fontanes Zitat »*Die guten Tage von Besançon*« für die Überschrift eines Aufsatzes über Fontanes Kriegsgefangenschaft – und bezieht es auf »die fast drei Wochen, die er als Kriegsgefangener auf der Zitadelle in Besançon verbrachte«. Fontane meinte jedoch nur die letzten drei Tage – nachdem er am 26. Oktober 1870 in den Genuss eines *officier supérieurs* gekommen war. Cheval, Fontane, S. 87.

22 F–Kriegsgefangen, S. 104. Im Unterkapitel *Von Besançon bis Lyon* gibt Fontane

zwei verschiedene Zeiträume für die *glückliche[n] Tage* an: *dreimal vierundzwan-zig Stunden* bzw. *noch drei und einen halben Tag*; ebd., S. 103 bzw. S. 104.

23 Ebd., S. 83.

24 Vgl. Kapitel »Gefängnisalltag in Besançon«.

25 Vgl. Robert Rauh: Fontanes Ruppiner Land. Neue Wanderungen durch die Mark Brandenburg, be.bra verlag, Berlin 2019.

26 Dafür spricht beispielsweise, dass Fontane – wie bereits ausgeführt – die Mitteilung, dass er auf die Insel Oléron transportiert werden soll, in *Kriegsgefangen* dem letzten Besançon-Kapitel zuordnet, indem er sie dem Festungskommandanten von Besançon für den 26. Oktober in den Mund legt. Tatsächlich erfuhr er erst am 7. November, also nachdem er Besançon schon längst verlassen hatte, dass er auf die Atlantikinsel überstellt werde. Vgl. Fontane an Emilie Fontane, 7.11.1870; GBA–EBW 2, S. 538 f.

27 Vgl. Kapitel »Gefängnisalltag in Besançon«.

28 Schultz / Pasteur, Zitadelle, S. 18.

29 Fontane an Emilie Fontane, 27.10.1870; GBA–EBW 2, S. 530 f.

30 Vgl. Césaire Mathieu an Leonhard von Muralt, 26.10.1870; in: Samosch, Kriegsakten, S. 178. Samosch schreibt »Murad«.

31 Vgl. Kapitel »Auf der Suche nach dem ›verlorenen Freund«.

32 Vgl. Césaire Mathieu an Adolf Namszanowski, 27.10.1870; in: F–Kriegsgefangen 1914, S. 189 f.

33 Ebd., S. 189 f. Dieselbe Aussage findet sich fast wörtlich in dem Brief an Leonhard von Muralt.

34 Ebd., S. 190.

35 Césaire Mathieu an Leonhard von Muralt, 26.10.1870; in: Samosch, Kriegsakten, S. 178.

36 Ebd.

37 Ebd.

38 Pierre Charles Guibard an einen namentlich nicht bekannten Pfarrer, 31.10. 1870; in: F–Kriegsgefangen 1914, S. 199.

39 Fontane an Emilie Fontane, 18.11.1870; GBA–EBW 2, S. 548.

40 Césaire Mathieu an Leonhard von Muralt, 26.10.1870; in: Samosch, Kriegsakten, S. 178.

41 Césaire Mathieu an Adolf Namszanowski, [undatiert]; in: F–Kriegsgefangen 1914, S. 205.

42 Emilie Fontane an Rudolf von Decker, 18.11.1870; FDBW, S. 168.

43 Césaire Mathieu an Emilie Fontane, [undatiert]; in: John Osborne: Briefe Césaire Mathieus an Emilie und Theodor Fontane aus den Jahren 1870–1871; in: Fontane Blätter 52 (1992), S. 5–11, hier S. 6 (künftig: Osborne, Mathieu).

44 Césaire Mathieu an Emilie Fontane, [undatiert]; in: Osborne, Mathieu, S. 8.

45 Ebd., S. 7 f.

46 Ebd., S. 7.

Irrfahrt durch Frankreich

1 Fontane an Emilie Fontane, 25.10.1870; GBA–EBW 2, S. 529 f.
2 Fontane an Emilie Fontane, 27.10.1870; ebd., S. 530 ff.
3 Ebd.
4 Fontane an Emilie Fontane, 28.10.1870; ebd., S. 533 ff.
5 Ebd.
6 F–Kriegsgefangen, S. 105 f.
7 Fontane an Emilie Fontane, 31.10.1870; GBA–EBW 2, S. 536.
8 F–Kriegsgefangen, S. 108 f.
9 Vgl. Bremm, 1870/71, S. 187–198.
10 F–Kriegsgefangen, S. 109 f.
11 F–NB, D6, 27r–28r.
12 Vgl. Fontane an Emilie Fontane, 7.11.1870; GBA–EBW 2, S. 538 f.
13 Vgl. F–Kriegsgefangen, S. 104.
14 Fontane an Emilie Fontane, 1.11.1870; GBA–EBW 2, S. 537.
15 F–Kriegsgefangen, S. 113–135.
16 Fontane an Emilie Fontane, 1.11.1870; in: GBA–EBW 2, S. 536 f. Die Hoffnung, dass Lazarus' Verbindungen zu Dubs und Crémieux erfolgreich wären, äußert Fontane auch in seinem Brief an Emilie vom 31. Oktober 1871; in: ebd., S. 535 f.
17 F–Kriegsgefangen, S. 111.
18 Hamburger Börsenhalle vom 25. Oktober 1870; in: Fricke, Kriegsgefangenschaft, S. 69.
19 Vgl. Vossische Zeitung vom 27.10.1870. Auch die österreichische Presse meldete Fontanes Internierung. Vgl. Fremden-Blatt (Wien), 28.10.1870.
20 Anton Biermer an Moritz Lazarus, 29.10.1870; in: Lazarus, Lebenserinnerungen, S. 547 f.
21 Anton Biermer an Moritz Lazarus, 15.11.1870; in: ebd., S. 549.
22 Friedrich Eggers: Wochenzettel, 24.10.1870; in: FEBW, S. 435.
23 Ebd.
24 Friedrich Eggers: Wochenzettel, [wahrscheinlich 25. oder 26.10.1870]; in: ebd., S. 436.
25 Fontane an Emilie Fontane, 24.10.1870; GBA–EBW 2, S. 528.
26 F–NB, D6, Bl. 67va, 68ra.
27 Friedrich Eggers: Wochenzettel, 7.11.1870; in: FEBW, S. 56. [Dieser Wochenzettel wird vom Herausgeber nur zitiert.]
28 Friedrich Eggers: Wochenzettel, 1.11.1870; in: FEBW, S. 446.
29 Eggers notiert im Kontext der *Rütli*-Sitzung vom 5.11.1870: »Ein Brief von Guilbert [Guibard], Priester in Besançon, und 2 deutsche Briefe v. Nöhl bestätigen, daß er nach Roche-sur-Yon« gebracht werde. Friedrich Eggers: Wochenzettel, 5.11.1870; in: ebd., S. 447.
30 Emilie Fontane an Fontane, 11.11.1870; in: F–Kriegsgefangen 1914, S. 203 f.
31 Fontane an Emilie Fontane, 13.11.1870; GBA–EBW 2, S. 541 f.

Himmlische Ruhe und stürmischer Regen

1 F–NB, D6, Bl. 28v.
2 Fontane an Emilie Fontane, 10.11.1870; GBA–EBW 2, S. 539.
3 F–Kriegsgefangen, S. 140 f.
4 Fontane an Emilie Fontane, 10.11.1870; GBA–EBW 2, S. 539.
5 F–Kriegsgefangen, S. 140 –143.
6 Fontane an Emilie Fontane, 10.11.1870; GBA–EBW 2, S. 539 – 541. Vgl. auch in: Fontane an Emilie Fontane, 18.11.1870; ebd., S. 546.
7 Fontane an Emilie Fontane, 14.11.1870; ebd., S. 543.
8 F–Kriegsgefangen, S. 138.
9 Fontane an »Mr. le Civil« [Forot], [undatiert], GSA 96/736.
10 Fontane notiert am 15. November, dass er *Bücher als Lektüre* erhält. F–NB, D6, Bl. 29v.
11 F–Kriegsgefangen, S. 160 f.
12 Ebd., S. 137 f.
13 F–NB, D6, Bl. 28v.
14 F–Kriegsgefangen, S. 137 f.
15 Vgl. Kapitel »Gefängnisalltag in Besançon«.
16 F–Kriegsgefangen, S. 151.
17 F–NB, D6, Bl. 29v.
18 F–Kriegsgefangen, S. 151 f.
19 Ebd., S. 144.
20 F–NB, D6, Bl. 32r.
21 Fontane an Emilie Fontane, 23.4.1874; GBA–EBW 3, S. 12 f.
22 Tobias Arand: Rogerowski oder Rasumofsky? Überlegungen zur nationalen ›Meistererzählung‹ in Fontanes *Kriegsgefangen*, in: Fontane Blätter 105 (2018), S. 61– 86 (künftig: Arand, Rogerowski).
23 F–Kriegsgefangen, S. 144 f.
24 Zit. nach: Arand, Rogerowski, S. 68.
25 Ebd., S. 69.
26 F–Kriegsgefangen, S. 144 –146.
27 Fontane an den Festungskommandanten Forot, 21.11.1870; GSA 96/736.
28 F–Kriegsgefangen, S. 146 –148.
29 Ebd., S. 148 f.
30 Fontane an den Kaufmann Vimenet, 24.11.1870; GSA 96/736.
31 F–Kriegsgefangen, S. 148 –150.
32 Fontane an Emilie Fontane, 20.11.1870; GBA–EBW 2, S. 548 f.
33 F–Kriegsgefangen, S. 150 –152.
34 Vgl. Fontane an Emilie Fontane, 10.11.1870; GBA–EBW 2, S. 539; Fontane an Rudolf von Decker, 26.10.1870; FDBW, S. 162; Fontane an Rudolf von Decker, 10.11.1870; FDBW, S. 167.
35 Fontane an Rudolf von Decker, 7.12.1870; ebd., S. 172. Dagegen behauptet Fri-

cke, Fontane habe »auf Oléron auch die Revisionsbogen für das letzte Kapitel seines Buches über den Krieg von 1866« durchgearbeitet. Fricke, Kriegsgefangenschaft, S. 61. Dieser Behauptung folgt die Forschung bis heute.

36   Fontane an Emilie Fontane, 18.11.1870; GBA–EBW 2, S. 546.
37   Fontane an Emilie Fontane, 15.11.1870; ebd., S. 544.
38   Fontane an Emilie Fontane, 10.11.1870; ebd., S. 539 f.
39   F–Kriegsgefangen, S. 147.
40   F–NB, D6, Bl. IIIr.
41   Fontane an den Kaufmann Vimenet, 24.11.1870; GSA 96/736.
42   Fontane an den Festungskommandanten Forot, [undatiert]; GSA 96/736.
43   F–Kriegsgefangen, S. 154–160.
44   Genzel, Kriegsgefangen, S. 15–22, S. 50 f.
45   Ebd., S. 66.
46   F–Kriegsgefangen, S. 158 f.
47   Zit. nach: Hermann Lucke: Theodor Fontane – ein Vermächtnis (1920); in: Jahrbuch für brandenburgische Landesgeschichte. Berlin 1950, S. 2.
48   Genzel, Kriegsgefangen, S. 75.
49   F–Kriegsgefangen, S. 183.
50   Ebd., S. 161.
51   Fontane an Emilie Fontane, 20.11.1870; GBA–EBW 2, S. 550.
52   Fontane an Emilie Fontane, 18.11.1870; ebd., S. 546.
53   Fontane an Emilie Fontane, 13.11.1870; ebd., S. 542.
54   Fontane an Emilie Fontane, 20.11.1870; ebd., S. 549.
55   F–NB, D6, Bl. 30r.
56   Fontane an Emilie Fontane, 21.11.1870; GBA–EBW 2, S. 551.
57   F–Kriegsgefangen, S. 192 f.
58   Fontane an Emilie Fontane, 20./21.11.1870; GBA–EBW 2, S. 551.

Wer hatte mich befreit?

1   Emilie Fontane an Rudolf von Decker, 20.11.1879; FDBW, S. 168.
2   Adolphe Crémieux an Moritz Lazarus, 20.11.1870; ebd., S. 169.
3   »Leibniz« war der Vereinsname für Lazarus. Eggers schrieb »Leibnitz«. Friedrich Eggers an Moritz Lazarus, 21.11.1870; in: Lazarus, Lebenserinnerungen, S. 551 f.
4   Zit. nach: Vossische Zeitung vom 27.11.1870, S. 4.
5   Major von Giese an Emilie Fontane, 24.11.1870; in: F–Kriegsgefangen 1914, S. 210.
6   Fontane an Emilie Fontane, 24.11.1870; GBA–EBW 2, S. 551.
7   F–Kriegsgefangen, S. 196.
8   Lazarus, Lebenserinnerungen, S. 536, 554.
9   Fontane an Moritz Lazarus, 14.9.1894; HFA–Briefe 4, S. 384. Diese Passage wird auch von Nahida Ruth Lazarus zitiert, allerdings mit der ergänzenden Bemer-

kung: »Durch Veröffentlichung des Dankeswortes sei hier ein Teil des von Fontane Versäumten nachgeholt.« Lazarus, Lebenserinnerungen, S. 555 f.

10 Hermann Fricke, Parole d'honneur von 1870. Ein bedeutsamer Fund in Frankreich; in: Der Bär von Berlin. Jahrbuch des Vereins für die Geschichte Berlins 14 (1965), S. 49–70, hier: S. 59 (künftig: Fricke, Parole).

11 Fontane an Emilie Fontane, 26.11.1870; GBA–EBW 2, S. 552.

12 Fontane an Césaire Mathieu, 1.11.1873; in: Cheval, Fontane, S. 49.

13 Marie von Wangenheim an Césaire Mathieu, 20.8.1874; zit. nach: ebd., S. 21.

14 Zit. nach: ebd., S. 22.

15 F–Kritische Jahre, S. 8.

16 Samosch, Kriegsakten, S. 178 ff.

17 Reuter, Fontane, S. 448.

18 Vgl. Samosch, Kriegsakten, S. 180; Reuter, Fontane, S. 448.

19 Dieterle, Fontane, S. 523.

20 D'Aprile, Fontane, S. 269 f.

21 Ebd., S. 273.

22 Ebd., S. 269.

23 Vgl. Samosch, Kriegsakten, S. 177.

24 Julie von Massow an Emilie Fontane, 25.10.1870; F–Kriegsgefangen 1914, S. 187 f.

25 Emilie Fontane an Rudolf von Decker, 18.11.1870; ebd., S. 168. Vgl. hierzu auch Kapitel »Auf der Suche nach dem ›verlorenen Freund‹«.

26 Emilie Fontane an Rudolf von Decker, 18.11.1870; ebd., S. 168.

27 Vgl. Adolf Hepner: Der Schutz der Deutschen in Frankreich 1870 und 1871. Briefwechsel des außerordentlichen Gesandten und bevollmächtigten Minister der Vereinigten Staaten für Frankreich E. B. Washburne in Paris vom 17. Juli 1870 bis zum 29. Juni 1871. Aus den diplomatischen Akten der Regierung der Vereinigten Staaten von Nordamerika, J. H. W. Dietz, Stuttgart 1907.

28 Otto von Bismarck an Elihu B. Washburne, 29.10.1870; in: Samosch, Kriegsakten, S. 177.

29 Vgl. Fricke, Kriegsgefangenschaft, S. 67.

30 Elihu Benjamin Washburne, Recollections of a Minister to France. 1869–1877, C. Scribner's sons, New York 1887, Bd. 1, S. 204 (künftig: Washburne, Recollections).

31 Jules Favre an Elihu B. Washburne, 2.11.1870; in: Samosch, Kriegsakten, S. 178.

32 Vgl. Fricke, Kriegsgefangenschaft, S. 68 f.

33 Césaire Mathieu an Leonhard von Muralt, 26.10.1870; in: Samosch, Kriegsakten, S. 178.

34 Ebd.

35 Kriegsministerium an Otto von Bismarck, 11.11.1870; in: ebd.

36 F–Kriegsgefangen, S. 110 f; vgl. auch das Kapitel »Von Besançon auf die Insel Oléron«.

37 Die französische Marine soll während des Deutsch-Französischen Krieges insgesamt zweihundert deutsche Handelsschiffe aufgebracht haben. Vgl. David H. Olivier: German Naval Strategy, 1856–1888. Forerunners to Tirpitz, London/New York 2004, S. 55 f., 65.

38 Fricke, Kriegsgefangenschaft, S. 69.

39 Otto von Bismarck an Albrecht von Roon, 12.11.1870; in: Samosch, Kriegsakten, S. 178.

40 Adolphe Crémieux an Moritz Lazarus, 20.11.1870; FDBW, S. 169.

41 Jules Favre an Elihu B. Washburne, 2.11.1870; in: Samosch, Kriegsakten, S. 178.

42 Emilie Fontane an Rudolf von Decker, 23.11.1870; FDBW, S. 170.

43 Adolphe Crémieux an Moritz Lazarus, 21.11.1870; in: Samosch, Kriegsakten, S. 179.

44 Kriegsministerium an [Adolphe Crémieux], 20.11.1870; in: ebd., S. 179. Auch in: Lazarus, Lebenserinnerungen, S. 550.

45 Fricke, Parole, S. 59. Fricke vertritt die Auffassung, Crémieux (und nicht Gambetta) habe »mit hoher Wahrscheinlichkeit« entscheidend zur Freilassung Fontanes beigetragen. Vermutlich hat er das »Bureau de la Justice Militaire« (inkorrekt) Crémieux' Justizministerium und nicht Gambettas Kriegsministerium zugeordnet.

46 F–Kriegsgefangen, S. 196.

47 [Eigenhändiger] Lebenslauf Fontanes, 18.11.1870; in: Service historique de la Défense, L 25. Der Lebenslauf wurde erstmals publiziert von Hermann Fricke (1965). Vgl. Fricke, Parole, S. 54 f.

48 Ebd.

49 Johann Caspar Bluntschli: Das moderne Völkerrecht der civilisirten Staaten als Rechtsbuch dargestellt, Druck und Verlag der Beck'schen Buchhandlung, Nördlingen 1868, S. 338–340 (künftig: Bluntschli, Völkerrecht).

50 Kriegsministerium an [Adolphe Crémieux], 20.11.1870; in: Samosch, Kriegsakten, S. 179. Auch in: Lazarus, Lebenserinnerungen, S. 550.

51 Bluntschli, Völkerrecht, S. 338.

Auf Ehrenwort frei

1 Bluntschli, Völkerrecht, S. 179. Vgl. auch Washburne, Recollections, S. 204. Unmittelbar nach Fontanes Rückkehr wurden die drei Geiseln im Dezember 1870 wieder freigelassen. Vgl. Otto von Bismarck an Elihu B. Washburne, 23.1.1871; FDBW, S. 182; auch: Fontane an Alfred von Roon, 20.12.1870; in Samosch, Kriegsakten, S. 180.

2 F–NB, D6, Bl. 30v.

3 F–Kriegsgefangen, S. 192 ff. Fontane nennt in *Kriegsgefangen* den 26. November.

4 F–NB, D6, Bl. 30v.

5 F–Kriegsgefangen, S. 194.

6 Fontane an Emilie Fontane, 24.11.1870; GBA–EBW 2, S. 551.

7   Fontane an Emilie Fontane, 26.11.1870; ebd., S. 552.

8   F–Kriegsgefangen, S. 134.

9   F–NB, D6, Bl. 30v.

10 Fontane an den Festungskommandanten Forot, 24.11.1870; GSA 96/736.

11 Fontanes Ehrenwort-Erklärung, 26.11.1870; in: Service historique de la Défense, L 25. Die Erklärung wurde erstmals publiziert von Hermann Fricke (1965). Vgl. Fricke, Parole, S. 57f.

12 Fontane an Emilie Fontane, 26.11.1870; in: GBA–EBW 2, S. 552.

13 Generalstab der 14. Militärdivision an das Kriegsministerium, 28.11.1870; in: Service historique de la Défenses, L 25. Gambetta quittierte es am 30. November.

14 Fontane an Emilie Fontane, 26.11.1870; in: GBA–EBW 2, S. 552.

15 F–Kriegsgefangen, S. 194. Dass Fontane am 26. November über seinen Abreisetag informiert wurde, notierte er auch im Notizbuch. Vgl. F–NB, D6, Bl. 31v.

16 F–Kriegsgefangen, S. 196–199.

17 F–NB, D6, Bl. 31v.

18 F–Kriegsgefangen, S. 199f.

19 Ebd., S. 195.

20 Ebd., S. 205f.

21 Ebd., S. 201.

22 Vossische Zeitung vom 11.12.1870, S. 3.

23 F–Kriegsgefangen, S. 201f.

24 Ebd., S. 207–210.

25 F–NB, D6, Bl. 32r, 32 v.

26 F–Kriegsgefangen, S. 196–199.

27 Fontane an Theodor Storm, 22.7.1855; FStBW, S. 102.

28 Wilhelm Lübke an den Vorstand der Schillerstiftung, 23.11.1870; GSA, 134/20,2.

29 Julius Grosse, Gutachten für Theodor Fontane, 5.12.1870; ebd.

30 Karl Bormann, Kurzmitteilung, 22.12.1870; ebd.

31 Julius Grosse an Karl Bormann, 29.12.1870; ebd.

32 Karl Bormann an Julius Grosse, 13.3.1871; ebd.

33 Fontane an Elise Fontane, 23.12.1870; HFA–Briefe 2, S. 369.

34 Fontane an Elise Fontane, 12.12.1870; ebd., S. 361f.

35 Karl Bormann, Kurzmitteilung, 22.12.1870; GSA, 134/20,2.

36 Fontane an Elise Fontane, 12.12.1870; in: HFA–Briefe 2, S. 361f.

37 Fontane an Mathilde von Rohr, 15.12.1870; FMvRBW, S. 156f.

38 GBA–TB 2, S. 38.

39 GBA–Theaterkritik 2, S. 25f.

40 Fontane an das Königliche Allgemeine Kriegsdepartement, 7.12.1870; HFA–Briefe 2, S. 361f.

41 Fontane an Albrecht von Roon, 20.12.1870; ebd., S. 368.

Anmerkungen

42 Zit. nach: Samosch, Kriegsakten, S. 180.

43 D'Aprile, Fontane, S. 275 f.

44 Vgl. Kapitel »Fontanes Freilassung«.

45 Albrecht von Roon an Fontane, 27.12.1870; in: Samosch, Kriegsakten, S. 180.

46 Vgl. Kapitel »Fontanes Freilassung«.

47 Otto von Bismarck an Elihu B. Washburne, 23.1.1871; FDBW, S. 182.

Epilog

1 Vossische Zeitung, 4.12.1870. Die Depesche ist nicht überliefert, wird aber in dem Notizbucheintrag vom 1.12.1870 erwähnt. Vgl. F–NB, D6, Bl. 32r. Vgl. auch Kapitel »Rückkehr«.

2 Fremden-Blatt (Wien): Morgenblatt, 28.10.1970.

3 Vossische Zeitung, 27.10.1870.

4 Ebd., 11.12.1870.

5 Vgl. Kapitel »Rückkehr«.

6 Fontane an Rudolf von Decker, 13.12.1870; FDBW, S. 176.

7 Fontane an Elise Fontane, 12.12.1870; HFA–Briefe 2, S. 361 f.

8 Vgl. Ernst Keil an Fontane, 12.12.1870; TFA Da 913.

9 F–Kriegsgefangen, S. 140 f.

10 Vgl. Fontane an Rudolf von Decker, 13.12.1870; FDBW, S. 176 f.

11 F–Kriegsgefangen, S. 104. Vgl. auch Kapitel »Entscheidungen in Besançon«.

12 F–Notizbücher, D6, Bl. 47v/47r. In Guéret machte Fontanes Transport am 4./5.11.1870 Station.

13 Fontane an Emilie Fontane, 13.11.1870; GBA–EBW 2, S. 543.

14 Vgl. F–Kriegsgefangen, S. 123.

15 Ebd., S. 152.

16 F–Notizbuch D6, Bl. 29r ff.

17 Fontane an Emilie Fontane, 13.11.1870; GBA–EBW 2, S. 542.

18 F–Notizbuch D6, Bl. IVr, IVv, Vv. Vgl. Abbildung, S. 107.

19 Vgl. Emilie Fontane an Fontane, 8.10.1870; GBA–EBW 2, S. 522, 735 f.

20 Fontane an Emilie Fontane, 13.11.1870; ebd., S. 542 f.

21 Fontane an Rudolf von Decker, 13.12.1870; FDBW, S. 176.

22 Wilhelm Hertz an Fontane, 10.12.1870; in: FHBW, S. 464.

23 Vgl. Fontane an Wilhelm Hertz, 12.12.1871; ebd., S. 141.

24 Ebd., S. 141.

25 Fontane an Rudolf von Decker, 13.12.1870; FDBW, S. 176.

26 Fontane an Hermann Kletke, 16.12.1870; HFA–Briefe 2, S. 366.

27 Vgl. Fontane an Hermann Kletke, 20.12.1870; ebd. S. 26 f.

28 Fontane an Hermann Kletke, 20.12.1870; ebd.

29 Fontane an Hermann Kletke, 23.01.1871; ebd., S. 28 f.

30 Vgl. Friedrich Eggers, »Wochenzettel«; F–Chronik 3, S. 1714.

31 Fontane an Otto Baumann, [21.2.1871]; FDBW, S. 185.

32 Fontane an Otto Baumann, 20.2.1871; ebd., S. 183.

33 Neue Freie Presse, 18.12.1871.

34 Neues Wiener Tageblatt, 14.5.1871.

35 Vgl. Allgemeiner literarischer Anzeiger für das evangelische Deutschland, Bd. 8, August 1871.

36 Neues Wiener Tageblatt, 14.5.1871.

37 Kölnische Zeitung, 17.3.1871.

38 Über Land und Meer, Bd. 26, Mai 1871.

39 Norddeutsche Allgemeine Zeitung, 22.3.1871, und Vossische Zeitung, 17.3.1871.

40 Neues Wiener Tageblatt, 14.5.1871.

41 Ebd. Vgl. auch Die Presse, 6.4.1871.

42 Vossische Zeitung, 17.3.1871; vgl. auch Norddeutsche Allgemeine Zeitung, 22.3.1871.

43 Über Land und Meer, Bd. 26, Mai 1871; vgl. auch Neues Wiener Tageblatt, 14.5.1871.

44 Souvenirs d'un Prisonnier de Guerre allemand en 1870 par Théodore Fontane. Introduction par T. de Wyzewa, Paris: Perrin 1892.

45 George Fontane an Fontane, 2.2.1871; Feldpostbriefe, S. 71.

46 F–Kriegsgefangen, S. 97.

47 Ebd., S. 53, 79.

48 Ebd., S. 63, 99.

49 Ebd., S. 62.

50 Allgemeiner literarischer Anzeiger für das evangelische Deutschland, Bd. 8, August 1871, S. 126.

51 Kölnische Zeitung, 17.3.1871.

52 Fontane an Rudolf von Decker, 13.12.1870; FDBW, S. 176 f.

53 Fontane an Emilie Fontane, 13.11.1870; GBA–EBW 2, S. 542.

54 F–Kriegsgefangen, S. 58 f.

55 Ebd., S. 63.

56 Ebd., S. 109 f.

57 Ebd., S. 186.

58 Ebd., S. 91.

59 Ebd., S. 66 f.

60 GBA–TB 2, S. 38.

61 Fontane an Emilie Fontane, 26.11.1870; GBA–EBW 2, S. 552.

62 Fontane an Césaire Mathieu, 21.12.1871; in: Cheval, Fontane, S. 41.

63 F–Okkupation, S. 229.

Bildnachweis

akg-images: 17, 48, 119
akg-images / Liszt Collection: 52
Archiv Rauh: 15, 26, 27, 29, 31, 32, 33, 34, 50, 53, 54, 55, 56, 84, 93, 97, 109
K. Bauer: 103
Peter Palm, Berlin: 161 (Karte)
Klaus Radecke: 100
Service historique de la Défense: 125, 130
Theodor-Fontane-Archiv Potsdam: 11, 139, 140
Theodor Fontane: Notizbücher. Digitale Edition, hrsg. von Gabriele Radecke,
    Göttingen 2015 ff.: 19, 28, 30, 41, 59, 68, 107
Wikimedia Commons: 25, 76, 86, 114, 122

Dank

Für die konstruktive und angenehme Zusammenarbeit – in einer maskierten und nicht einfachen Zeit – danken wir Ulrich Hopp, Robert Zagolla und dem be.bra-Team sowie Lektorin Gabriele Dietz für die wiederum kritische und behutsame Korrektur des Manuskriptes.

Darüber hinaus danken wir für die hilfreiche Unterstützung bei der Recherche: Daniela Ahrens-Wimmer (Universität Mannheim), Luise Berg-Ehlers (Bochum), Regina Dieterle (Zürich), Gotthard Erler (Berlin), Anne-Sophie Hettche (München), Malou von Muralt (Basel), Sabine und Klaus Radecke (Oléron), Hans-Christoph Rauh (Besançon) sowie den Institutionen: Goethe- und Schiller-Archiv Weimar (Susanne Fenske, Christina Herrgott, Silke Henke), Theodor-Fontane-Archiv Universität Potsdam (Klaus-Peter Möller, Peer Trilcke) und Staatsarchiv Zürich (Karin Huser).

Die Autoren

Gabriele Radecke, geboren 1967 in Berlin, ist Literaturwissenschaftlerin und Herausgeberin zahlreicher Fontane-Ausgaben sowie der digitalen Fontane-Notizbuch-Edition. 2017 wurde sie für ihre Vermittlung zwischen Wissenschaft und Öffentlichkeit mit dem Stiftungspreis der Universität Göttingen ausgezeichnet.

Robert Rauh, geboren 1967 in Berlin, ist Historiker, Lehrer und Seminarleiter. 2013 wurde er für sein pädagogisches Engagement mit dem Deutschen Lehrerpreis ausgezeichnet. Zuletzt erschienen von ihm im be.bra verlag »Fontanes Frauen« und »Fontanes Ruppiner Land«.